EDÍLSON LOPES

UMA PALESTRA É UMA MISSÃO

AS ESTRATÉGIAS DOS MAIORES PALESTRANTES DO MUNDO

Copyright© 2018 by Literare Books International
Todos os direitos desta edição são reservados à Literare Books International.

Presidente:
Mauricio Sita

Capa:
Guilherme Xavier

Diagramação e projeto gráfico:
Nathália Parente

Revisão:
Danielle Keslarek

Diretora de projetos:
Gleide Santos

Diretora de operações:
Alessandra Ksenhuck

Diretora executiva:
Julyana Rosa

Relacionamento com o cliente:
Claudia Pires

Impressão:
Epecê

Dados Internacionais de Catalogação na Publicação (CIP)
(Câmara Brasileira do Livro, SP, Brasil)

```
Lopes, Edílson
    Uma palestra é uma missão / Edílson Lopes. --
São Paulo : Literare Books International, 2018.

    ISBN 978-85-9455-101-6

    1. Carreira profissional - Desenvolvimento
2. Comunicação 3. Fala em público 4. Negócios
5. Palestrantes 6. Palestras e conferências
7. Sucesso profissional I. Título.

18-19306                                   CDD-650.14
```

Índices para catálogo sistemático:

1. Palestrantes : Carreira profissional :
    Desenvolvimento : Administração 650.14

Maria Paula C. Riyuzo - Bibliotecária - CRB-8/7639

Literare Books International Ltda
Rua Antônio Augusto Covello, 472 – Vila Mariana – São Paulo, SP
CEP 01550-060
Fone/fax: (0**11) 2659-0968
site: www.literarebooks.com.br
e-mail: literare@literarebooks.com.br

MENSAGEM DO AUTOR

Caro leitor,

Enquanto aguardava meu carro no estacionamento do *Hospital Albert Einstein*, em uma manhã de maio de 2016, acessei as notícias do dia por meio do meu telefone. Algo me chamou atenção, uma reportagem com o genial Steven Spielberg. Durante sua entrevista, ele disse uma frase que ficou gravada em minha memória: "*A movie is a mission!*", ou seja, "*Um filme é uma missão!*".

Durante os dias seguintes, aquilo não saía da minha cabeça. Eu pensava: "Um filme requer uma história, um roteiro, um ator, um diretor de arte, um cenário, uma mensagem forte e assim vai.". Oras, uma palestra também requer tudo isso! Não há como dar uma boa palestra sem os requisitos acima!

Dessa forma, não havia como pensar diferente de Steven Spielberg. Ele tem razão quando diz que um filme é uma missão, mas com certeza não há como pensar diferente dele em relação a uma palestra. Portanto, UMA PALESTRA É UMA MISSÃO!

A partir daí, comecei a imaginar este livro. Iniciei minhas pesquisas em outra obra que escrevi, *Como se tornar um palestrante de sucesso*, e também em minha experiência como contratante e treinador de palestrantes nos últimos 20 anos.

Depois de muito trabalho, escrevi 24 "contos" com o intuito de transmitir conhecimento por meio de histórias, utilizando pessoas e fatos fictícios. Ao final de cada conto, faço um comentário explicando o sentido do mesmo.

Quero terminar esta breve mensagem com um pensamento de um dos meus mestres, Irving M. Bunim: "Aquele que não ENSINA, não é digno de VIVER." Há pessoas que mantêm seu CONHECIMENTO para si mesmas e se recusam a compartilhá-lo. Privar os outros do conhecimento é privá-los da PRÓPRIA VIDA!

Um grande abraço,

Edílson Lopes

Agosto de 2018

Sumário

Capítulo 1 .... p.7
A MISSÃO

Capítulo 2 .... p.13
O CURANDEIRO DA TRIBO

Capítulo 3 .... p.21
O LIVRO DOURADO

Capítulo 4 .... p.29
O PROPÓSITO

Capítulo 5 .... p.37
O PROFESSOR

Capítulo 6 .... p.45
O RABINO

Capítulo 7 .... p.51
O REI DOS DIAMANTES

Capítulo 8 .... p.61
O TREINADOR

Capítulo 9 .... p.71
O VISIONÁRIO

Capítulo 10 .... p.79
UMA MENSAGEM APENAS

Capítulo 11 .... p.87
O PALESTRANTE QUE NÃO COBRAVA CACHÊ

Capítulo 12 .... p.95
O TESOURO ESCONDIDO

Capítulo 13 .... p.103
OS TALENTOS
Capítulo 14 .... p.109
O AVIÃO
Capítulo 15 .... p.117
GOLPE DE MESTRE
Capítulo 16 .... p.123
ENCONTRO MARCADO
Capítulo 17 .... p.131
O ARROGANTE
Capítulo 18 .... p.137
O VENDEDOR
Capítulo 19 .... p.145
A RAINHA DO JOGO
Capítulo 20 .... p.153
O ESPETÁCULO
Capítulo 21 .... p.161
O CONSELHEIRO DAS MONTANHAS
Capítulo 22 .... p.171
UM SONHO
Capítulo 23 .... p.177
O RESGATE
Capítulo 24 .... p.185
O TRATADO DE PARIS

Capítulo 1
A MISSÃO

Edílson Lopes

Bruxelas, Bélgica abril de 1981. Um casal e seu filho pequeno dividem um pão, sentados à mesa, na sala de uma pequena casa de dois cômodos em um modesto bairro da cidade.
    O telefone da casa tocou.
— *A.k., preciso falar com você urgentemente.* – disse a pessoa do outro lado da linha.
— *Eu lhe retorno em alguns minutos.* – respondeu o homem olhando para a mulher e o filho.
A.K. continuou comendo o pão em silêncio. Após cinco minutos, levantou-se e retirou as migalhas que estavam na calça.
— *Preciso sair para fazer uma ligação.* – disse à mulher.
A.K. foi em direção a um telefone público no final da rua.
— *Sim?* – atendeu alguém do outro lado.
— *Agora posso falar*!
— *Venha para o meu escritório o mais rápido possível.*
A.K. desligou o telefone. Voltou para casa.
— *Preciso sair urgentemente.* – disse à esposa.
Foi até o quarto, vestiu outra calça, colocou uma arma na cintura e depois saiu pelos fundos. Pegou a moto e partiu pela rua de terra deserta e escura.
Quarenta minutos depois, parou em frente ao prédio cinza em uma área quase deserta ao sul de *Bruxelas*.
Desceu da moto. Colocou o capacete debaixo do braço. Empurrou a porta de vidro. Subiu dois lances de escada. O relógio marcava meia noite e quinze.

Uma palestra é uma missão

— Entre. – disse o homem vestido de branco e barba longa — Sente-se nessa cadeira.

Um silêncio ficou entre os dois.

— Aceita um desafio?

— Qual? – perguntou A.K.

— É um desafio muito grande! – o homem passou as mãos na barba — Algo somente para corajosos.

A.K. ficou pensativo. Estava calado.

— Com certeza será o maior da sua vida.

— Diga-me, o que é?

O homem deu um suspiro e falou:

— Assassinar um líder religioso.

O rosto de A.K. era de espanto. Tentou falar algo. Suas palavras não saíram. Um silêncio tomou conta da sala.

O homem de barba branca levantou-se, foi até a estante empoeirada, retirou uma pasta. Sentou-se novamente.

— Aqui está a foto dele. Sua missão será matá-lo.

Os dois se entreolharam.

— Por que quer matá-lo?

O homem ficou quieto. Abaixou a cabeça. A.K. insistiu:

— Por que quer matá-lo?

— As palavras dele são mentirosas. Ele engana as pessoas com a sua fala.

A.K. olhou para a foto novamente. O relógio na parede marcava 1h30min. da manhã.

— E então, vai aceitar?

— Eu aceito o desafio!

O homem, então, começou a explicar o plano:

— Amanhã você sairá às 9h30min. em um avião com destino à Londres.

E continuou:

— Em Londres, uma pessoa o encontrará no aeroporto. Ele lhe dará a arma e todas as instruções.

Levantaram-se. Cumprimentaram e se despediram.

...

Manhã do dia seguinte.

— Para o aeroporto, por favor. – disse para o motorista do táxi.

O voo para Londres saiu com 40 minutos de atraso. Sentado na poltrona 2C, A.K. permaneceu calado a viagem toda.

Edílson Lopes

O avião da *British Airways* aterrissou às quatro e meia da tarde no aeroporto *Heathrow*, em *Londres*. Os passageiros desembarcaram pelo portão C. A.K. desceu as escadas rolantes e foi direto para o setor de imigração.

— Próximo. – disse o agente — *Passaporte, por favor.*

A.K. mostrou o passaporte. O agente olhou por duas vezes na foto e no rosto dele.

— *O que fará em Londres?*

— Negócios.

O agente carimbou o passaporte.

— *Pode seguir.*

Ele saiu pelo portão central do aeroporto. Dirigiu-se até o ponto de táxi. Uma pessoa o abordou.

— *Aqui estão as instruções, o hotel em que você ficará essa noite e também a arma que utilizará amanhã cedo.*

O homem entregou-lhe uma pasta.

— *Aquele carro o levará até o seu hotel.* – disse o homem apontando o dedo para um automóvel *Citroën* — *Amanhã cedo passarei lá, conforme as instruções que estão dentro desta pasta.*

Alguns minutos depois, o automóvel parava em frente a um modesto hotel no bairro de *Whitechapel*.

A.K. fez o *check-in*. Foi para o elevador. Apertou o botão do 13º andar. Entrou no apartamento 1314.

Abriu a pasta, retirou a arma. Examinou-a, colocou munição. Apontou para a janela, depois a guardou.

Tomou seu banho. Pediu um prato no quarto.

Por volta de meia noite, fez sua oração. Caiu em sono profundo. Estava exausto.

...

Manhã do dia seguinte.

A.K. esperava nervoso na recepção do hotel. Quando o relógio bateu 9h25min., um carro parou em frente à entrada principal.

— *Vamos, está na hora!*

O carro saiu em alta velocidade pela *Leman Street*. No trajeto, A.K. examinava a arma e verificava os cartuchos.

Quase trinta minutos depois:

— *Chegamos.* – disse o homem que dirigia o carro — *Pode seguir por este caminho. Em menos de cinco minutos, estará na praça. O templo está do lado esquerdo.*

Uma palestra é uma missão

A.K. apertou o bolso da blusa. Sentiu a arma. Desceu e caminhou em direção à praça.

Entrou no templo. Caminhou até a primeira fila. Posicionou-se bem no meio. Estava de frente para o palco.

O líder entrou. Foi aplaudido de pé. Agradeceu a presença de todos. Pediu para a plateia se sentar.

A.K. colocou a mão no bolso. Segurou a arma. Colocou o dedo no gatilho.

O pregador falava bem no meio do palco. Então, A.K. levantou-se. Retirou a arma do bolso e fez o disparo.

Naquele momento, a bala penetrou no peito do pregador. O corpo caiu em cima do altar. Um tumulto foi generalizado.

A multidão gritava. Todos correram em direção à praça.

O pregador agonizava caído no chão. O ferimento sangrava muito.

Em meio ao tumulto, um senhor de barba branca aproximou-se. Retirou o lenço do bolso, passou no rosto do pregador. Chegou bem próximo ao ouvido dele e disse:

— O ÚNICO DOM QUE DEUS NOS DEU PARA NOS DIFERENCIAR DOS OUTROS ANIMAIS FOI O DA FALA. VOCÊ DEVERIA TÊ-LO APROVEITADO MELHOR. VOCÊ ILUDIU E ENGANOU AS PESSOAS COM ESSE DOM. MERECEU A MORTE!

****

COMENTÁRIOS DO AUTOR

Preste atenção nesta frase que está nas escrituras sagradas:

"A morte e a vida estão no poder da língua."

Alguns palestrantes nasceram com o DOM DA FALA e acabaram desenvolvendo um alto poder de persuasão perante as pessoas. Agora, se eles o utilizam para o bem ou para o mal, é uma decisão deles.

Grandes palestrantes no mundo todo utilizam este dom para o bem. Utilize você também. E então, terá muito sucesso. Caso contrário, pagará caro por usar o dom da fala para enganar as pessoas.

****

Capítulo 2
O CURANDEIRO DA TRIBO

Edílson Lopes

Sábado. Abril de 2009. Um homem observava no outro lado da rua o hotel *Waldorf Astoria,* em *Nova York.* O sinal de pedestres abriu. Ele atravessou a rua e entrou no hotel.

Seguiu para o auditório principal. Entrou na fila do credenciamento. Recebeu seu material. Acomodou-se na penúltima fileira. Olhou para os telões. Uma mensagem era exibida para os 1.500 participantes: *"BEM-VINDOS AO 16º ENCONTRO DOS MAIORES PALESTRANTES DOS ESTADOS UNIDOS".*

O primeiro palestrante subiu ao palco pontualmente às 9h. Depois de quarenta e cinco minutos, outro palestrante entrou em cena. Cinquenta minutos depois, o mestre de cerimônias anunciava o *coffee break.*

O homem desceu as escadas. Serviu-se com um copo de café. Andou pelos estandes. Movimentava-se de um lado para o outro. Então, uma mão tocou seu ombro direito:

— Adam, tudo bem?

O homem virou-se rapidamente. Cumprimentou o outro:

— Achei que não fosse encontrá-lo.

Foram para um canto reservado. Depois de quinze minutos de conversa:

— Então, o que achou da minha palestra no evento da semana passada? – perguntou Adam.

— Posso ser sincero?

— Claro que sim! Você é um dos maiores agentes de palestrantes desse país. O que achou?

Uma palestra é uma missão

— *Muito ruim!* – respondeu David.
Adam ficou quieto, mudo, calado. Jogou o copo de café no lixo.
— *Não entendi!*
— *Acho que você até tem potencial, mas tem que mexer no roteiro da sua palestra. É uma palestra técnica. Palestras técnicas não são envolventes.*
— *E o que eu tenho que fazer?* – perguntou Adam.
— *Você tem alguma palestra gravada em vídeo?*
— *Não tenho, por quê?*
— *É uma forma de analisar sua performance.* – explicou David — *Você nunca assistiu a si mesmo, certo? Portanto, se você nunca viu uma palestra sua, como saberá como está? Grave uma apresentação e depois assista. Você perceberá que não envolve a plateia. É necessário envolver a plateia com cases, histórias ou fatos.*
— *Mais alguma orientação?*
— *Envie essa gravação ao professor Bryan Lee, um dos maiores orientadores de palestrantes do mundo. Ele o orientará e passará os caminhos para transformar sua apresentação em uma experiência envolvente.*

Adam ficou quieto novamente. Sentiu uma forte dor no estômago. Estendeu a mão. Despediu-se do amigo. Saiu apressadamente pela porta principal do hotel *Waldorf Astoria* antes de terminar o evento. Entrou rapidamente na estação *51* do metrô. Uma hora depois, subiu as escadas da estação *New Lots,* no *Brooklin*. Caminhou por duas quadras. Entrou em um modesto prédio residencial cinza de dois andares.

Eram quase dez da noite. Adam andava de um lado para o outro dentro do minúsculo apartamento de 30m². Pegou seu celular em cima da mesa. Fez uma ligação:
— *Preciso de um favor.*
— *O que é?* – perguntou a voz feminina do outro lado da linha.
— *Preciso urgentemente dar uma palestra. Tenho que gravá-la. Posso ir até sua empresa e fazê-la para seus funcionários?*
— *E quando você quer fazer isso?*
— *Amanhã, pode ser?*
— *Está louco?* – respondeu ela — *Amanhã é domingo, eles estão de folga.*
— *Preste atenção, minha irmã. Tenho que gravar uma palestra urgentemente e de preferência com plateia. Somente você pode me ajudar. Posso contar com sua ajuda?*

Edílson Lopes

Dez minutos depois:

— Consegui três funcionários para amanhã, pode ser? – perguntou sua irmã.

— Graças a Deus! Pode marcar às nove horas. Estarei logo cedo lá!

...

Um ônibus parou às sete horas da manhã na *Kingston Avenue* com a *Montgomery Street*. Adam desceu com o projetor na mão direita e a mala na mão esquerda. Subiu as escadas de uma gráfica antiga. Sua irmã estava na porta.

A palestra começou às 9h. Três impacientes telespectadores formavam a plateia. Falou durante quarenta minutos. Ao final, agradeceu. Apertou a mão da sua irmã:

— Preciso ir agora!

...

Quinze dias depois.

Adam identificou-se. Subiu pelo elevador panorâmico. Uma placa anunciava na porta da sala 945: "*Prof. Bryan Lee*".

A recepcionista trouxe o café.

— *Descanse um pouco. Ele já vai atendê-lo.*

Adam observava fotos na parede da sala. Uma, em especial, lhe chamou atenção. O Prof. Bryan parecia estar em uma tribo na *África*.

O homem, então, entra na sala já falando:

— *Examinei toda sua palestra por meio do vídeo que me enviou.* – falou Bryan Lee, elegantemente vestido com um terno preto e camisa azul marinho — *Vou direto ao assunto. Sabe quantos ensinamentos você passou pelas histórias em uma hora de palestra?*

— Quantos? – perguntou Adam.

— Nenhum. Uma palestra morta. Já parou para pensar nisso?

— E você pode me ajudar? – perguntou desesperado.

— Posso sim, mas primeiro você precisa entender o segredo deste negócio!

— E qual é?

— *Passe um ensinamento importante por meio de uma história fascinante.*

Bryan virou-se para a estante atrás dele. Puxou o caderno de anotações de capa azul. Arrancou uma das folhas.

Uma palestra é uma missão

— Tome, fique com esta folha. Medite dia e noite nesta anotação.

Adam segurou a folha. Leu imediatamente o que estava escrito: "Anote em uma folha os ensinamentos que você passará em sua palestra. Depois, busque histórias ou cases para passar esses ensinamentos durante sua apresentação".

— Não tem preço para um palestrante o que aprendi agora. – disse Adam.

— Hoje eu ajudo palestrantes a colocar histórias em suas palestras. – explicou o Prof. Bryan Lee. — Muitos fracassam porque não utilizam esse recurso. Por isso, a performance em palco é péssima.

— E onde o senhor busca histórias para colocar nas apresentações dos palestrantes que auxilia? – perguntou Adam.

Bryan Lee ficou em silêncio. Então, apontou o dedo para a porta:

— Agora vá! Coloque ensinamentos dentro de histórias fascinantes e será um dos maiores palestrantes deste país.

Adam despediu-se. Passou pela recepção. Viu novamente as fotos da *África* e caminhou em direção ao elevador.

...

Quase sete anos depois.

Fiksburg, África do Sul. O ônibus com trinta e sete turistas seguia pela selva africana.

Depois de quase uma hora de viagem, o ônibus estacionou em frente à estrada que dava acesso a uma aldeia indígena.

— *Todo mundo em fila única, por favor*. – disse o guia para os turistas após verificar o seu relógio. Faltavam dez minutos para a meia noite.

Andaram por cinco minutos. Entraram em um corredor com tochas acesas nos dois lados. Depois, foram acomodados no terreno em frente a uma tenda.

— *Agora, vamos fazer um círculo*. – complementou o guia checando o número de turistas em sua prancheta. O assessor o auxiliava com uma lanterna.

Um barulho começou a ser ouvido. Um índio batia forte em seu tambor na frente de uma tenda.

Meia noite. O ritmo das batidas do tambor foi ficando mais forte. A cortina da tenda foi aberta. Um Xamã caminhava lentamente até o círculo.

Edílson Lopes

O Xamã sentou-se com as pernas cruzadas no meio do público. De repente, o tambor parou. Não havia mais nenhum barulho. O silêncio era total. Somente a luz das estrelas clareava o Xamã e os turistas.

Ele abaixou a cabeça por alguns segundos. Depois, levantou-a e olhou para o céu.

— *Vou contar a história de um homem perdido na floresta e que foi salvo por uma estrela.* – o guia traduziu a fala do Xamã.

A história durou sete minutos. O guia traduziu. Todos ficaram perplexos com ela.

O tambor foi acionado novamente. O Xamã saiu lentamente. O público aplaudiu entusiasmado.

— *Vamos para o ônibus!* – falou o guia.

Depois de quarenta minutos, o ônibus parou em frente ao hotel *Moolmanshoek*. Todos desceram. Um a um apertava as mãos do guia agradecendo.

— *Muito obrigado!*

Um dos turistas que estava no ônibus trazia debaixo do braço seu caderno de anotações. Caminhou até o balcão do hotel.

— *Apartamento 719.*

— *Seu nome, por favor?* – perguntou a recepcionista.

— *Prof. Bryan Lee.*

A recepcionista lhe entregou as chaves. Ele atravessou o *lobby*. Chamou o elevador. Minutos depois, estava em seu apartamento. Ligou o computador. Abriu uma pasta: "*Banco de histórias para palestrantes*". Digitou a história que o Xamã contou. Colocou a data. Desligou a máquina.

Sentou-se na cama. Retirou uma revista que estava em sua mala. Abriu na página 113: "*Adam Smith, o fenômeno do mercado de palestras*". Fechou-a e guardou-a novamente. Apagou as luzes, deitou-se. Pensou: "*ELE CONSEGUIU!*".

Uma palestra é uma missão

****

COMENTÁRIOS DO AUTOR

Benjamin Franklin disse:

"Mostre-me e esquecerei, ensina-me e, possivelmente, lembrarei. ENVOLVA-ME E APRENDEREI"

Uma das maiores causas do fracasso de um palestrante é o roteiro de sua palestra. Muitos têm potencial, mas não decolam a carreira pelo simples fato de não construírem uma palestra ENVOLVENTE.

A melhor forma de construir uma palestra ENVOLVENTE é colocar seus ensinamentos dentro de histórias, *cases*, metáforas, parábolas, etc. Conte uma história, desde que tenha uma "mensagem"' ou "ensinamento" dentro dela.

"É impossível criar uma palestra ENVOLVENTE sem utilizar o recurso do storytelling."

O livro *Storytelling*, do autor Carmine Gallo, é leitura OBRIGATÓRIA.

Certa vez, um repórter perguntou ao escritor inglês Frederik Forsyth: *"Onde você busca a matéria-prima para os seus romances?"*. *"É muito simples, tenho um banco de histórias."* – respondeu o escritor.

"Tudo que você ler, ouvir ou assistir, coloque em um banco de histórias."

Se fizer isso durante um ano, ficará surpreso com o tamanho do seu estoque.

Caro leitor, não espere mais. Construa seu BANCO DE HISTÓRIAS!

****

Capítulo 3
O LIVRO DOURADO

Edílson Lopes

Nova York, início de noite. Um homem parou seu carro no estacionamento na *Columbus Avenue*. Pegou o recibo, andou por uma quadra e entrou no restaurante *Tavern on the Green*, dentro do *Central Park*.

— Por favor, uma água. – pediu ao garçom.

Abriu sua agenda na data de 15 de março de 2016. Havia uma anotação em frente à data: "Resposta cotação *Cable System*".

Sacou seu celular:

— *Já responderam?*

— *Ainda não.* – falou a voz feminina do outro lado da linha.

— *Será que vão demorar?*

— *Disseram que a resposta sairia hoje. Vamos aguardar.*

— *Estou no Tavern on the Green. Qualquer coisa me ligue.* – disse o homem.

Cinco minutos depois, seu telefone tocou:

— *Kevin, acabaram de responder.*

— *E aí?*

— *Optaram por outro palestrante.*

O homem desligou o telefone com raiva. Pagou a conta. Olhou para o relógio: 19h15min.

Atravessou rapidamente a *Columbus Avenue*, depois entrou na *68th Street* e parou em frente ao número 79.

— *Preciso falar urgentemente com o Tonny. Eu sei que ele ainda está aí.* – falou para o porteiro.

Uma palestra é uma missão

— Quem deseja?
— Meu nome é Kevin. – levantou um pouco a voz — Sou amigo dele.
O porteiro subiu o primeiro lance de escada. Depois de dois minutos, retornou.
— Ele irá atendê-lo. Pode subir.
Kevin subiu as escadas apressadamente. Caminhou pelo corredor de carpete vermelho. Um homem o aguardava na entrada da sala.
— Desculpe pegá-lo de surpresa. – estendeu as mãos — Mas é que preciso falar contigo urgentemente.
— Sente-se. – Tonny apontou para a cadeira.
— Tenho perdido muitos pedidos de palestras. – começou Kevin — Não posso reclamar de cotações, mas há poucos fechamentos.
— O que está acontecendo?
— As pessoas cotam, mas não finalizam. – falou Kevin — Alguns nem sequer ligam para falar que não vão fechar!
— E o que eu posso fazer por você?
— Você é um dos maiores palestrantes do mundo. Preciso de orientação.
Tonny foi até o armário. Abriu a gaveta. Retirou a pasta azul. Pegou o cartão que estava dentro dela.
— Vou fazer algo por você que nunca fiz para ninguém.
— O que é? – perguntou Kevin.
— Está vendo o nome dessa pessoa e o endereço? – Tonny mostrou o cartão — Vá até lá. Não marque horário. Vá direto.
— Quem é esse cara?
— Quer saber mesmo?
— Claro que sim!
— Ele é um verdadeiro sábio nesse negócio de palestras. Durante 20 anos, ele anotou as estratégias dos maiores palestrantes do mundo!
— Como é que é?
— Isso mesmo! – falou Tonny sentando-se na cadeira — Vá até lá. Ele irá atendê-lo, mas não diga que fui eu quem lhe deu esse cartão.
Kevin olhou no cartão o endereço e a cidade: *Tucson*, no *Arizona*.
— Não se assuste. Vá até lá. Tenho certeza de que valerá o esforço. – encerrou Tonny.
...
Semana seguinte.

Edílson Lopes

A temperatura beirava os 40 graus. O voo da *United Airlines* tocou o solo do *Aeroporto Internacional de Tucson* faltando vinte minutos para às cinco horas da tarde. Kevin desceu rapidamente. Apanhou o primeiro táxi.

— Leve-me para este endereço, por favor.

O automóvel andou por cerca de quarenta minutos. Entrou em um modesto bairro. Parou em frente a uma casa bem simples.

— *É essa a casa que está no endereço do cartão.* – disse o motorista.

— *Tem certeza?*

— *Claro que sim. É o endereço que está no cartão.*

— *Eu não acho que a pessoa que estou procurando moraria em um bairro tão simples e humilde como este.*

— Senhor, é o endereço que está no cartão.

Kevin desceu. Olhou para o fundo da casa. Não viu ninguém. Tocou a campainha e abriu o portão, que estava apenas encostado.

Um senhor com aparência bem simples abriu a porta:

— *Pois não?*

— *Eu gostaria de falar com o Sr. Simon!*

— *Sim, sou eu.* – respondeu calmamente.

— *Eu vim de Nova York. Sou palestrante. O senhor pode me ajudar?*

O homem olhou para Kevin.

— *Entre, somente não repare.*

Kevin sentou-se no sofá. Explicou o motivo da visita. Disse que alguém o informou que ele era um pesquisador de palestrantes bem-sucedidos do mundo todo.

Disse também que atuava no ramo há um bom tempo e, por fim, falou das dificuldades em fechar cotações. Simon ouvia tudo atentamente.

— *Tenho a informação de que o senhor estudou este mercado durante 20 anos, é isso?*

— *Sim.* – respondeu calmamente.

— *Então, pode me ajudar?*

Após um breve silêncio:

— *Qual é a sua dúvida?*

— *Preciso ser mais assertivo em fechar propostas. É algo que me incomoda e acredito incomodar muitos palestrantes.*

O homem ouviu tudo atentamente.

— *Espere um pouco.*

Uma palestra é uma missão

Levantou-se e foi até o quarto. Minutos depois, apareceu com uma caixa escura nas mãos.
— *Olhe aqui.*
Abriu a caixa. Um livro de capa dourada estava envolto pelo papel de seda.
Simon retirou lentamente o papel de seda, depois o livro.
— *Escrevi este livro há mais de dez anos. Só existe esse exemplar impresso no mundo todo.* – disse calmamente Simon — *Eu o chamo de "O livro dourado".*
— *Tome, pegue-o.* – entregou para Kevin.
Ele imediatamente passou a mão na capa.
— *Por que o senhor imprimiu somente este exemplar?*
— *Se eu publicasse este livro eu o venderia, no máximo, por U$ 30 dólares. Os palestrantes não dariam o devido valor.* – Simon levantou os olhos — *É muito pouco para algo que pode mudar a vida de um palestrante!*
— *Já pensou quantos palestrantes poderiam se beneficiar com este conteúdo se o livro fosse publicado?* – questionou Kevin.
O velho abaixou a cabeça. Não respondeu.
— *Quanto tempo o senhor demorou a escrevê-lo?*
— *Foram quase três anos. Estudei palestrantes do mundo todo.*
Simon abriu no índice. Verificou a página do capítulo 13 e foi direto para ela.
— *Quanto a sua dúvida, anote estas quatro frases que vou lhe passar, pois não poderá levar este livro.*
Kevin retirou rapidamente um bloco de anotações da sua pasta.
— *Pode dizer que vou anotar.*
— *Em uma proposta, primeiro dê valor à sua pessoa e depois à palestra. A maioria dos palestrantes fracassa tentando colocar valor no seu produto, quando o correto é colocar valor na sua pessoa. Os contratantes compram primeiro o palestrante e depois a palestra. Venda a si mesmo primeiro e depois a sua palestra!*
Simon explicou que os palestrantes que fracassavam em propostas eram aqueles que falavam muito sobre os temas e agregavam pouco valor à pessoa deles.
— *E como o palestrante pode agregar valor à pessoa dele?* – perguntou Kevin.

Edílson Lopes

— A primeira coisa a fazer é mostrar credibilidade!
— Como faço isso?
— Você é um mestre na área em que atua?
Kevin ficou quieto.
— Você estudou intensamente o seu tema?
Kevin novamente não respondeu.
— Preste atenção, Kevin. – falou Simon, já em pé e com o livro em mãos — O grande segredo é vender a si mesmo primeiro. E a melhor forma de vender a si mesmo primeiro é mostrar o quão mestre você é no seu tema. O segredo não é o que a sua palestra pode fazer pelo cliente, e sim o que VOCÊ pode fazer pelo cliente, pela empresa dele e pelos funcionários dele.

Kevin não falava nada. Simon, então, fechou o livro. Colocou a folha de seda e o guardou dentro da caixa. Foi até o quarto. Guardou a caixa na primeira gaveta do armário.

— Não sei como agradecê-lo. – falou Kevin.
— Não precisa. Apenas prometa algo.
— O que é?
— Jamais conte para alguém sobre a existência do livro dourado, pois senão ele perderá o seu valor!

Kevin ficou em silêncio. Apertou as mãos de Simon. Dirigiram-se para a porta. O relógio marcava cinco minutos para as oito da noite.

...

Quase três anos depois.

A palestra de Kevin Scott durou exatos 37 minutos. Assim que terminou, o palestrante foi direto para a sala VIP do *Bryant Park Hotel*, em *Nova York*. Um jovem o aguardava na entrada da sala.

— É possível um minuto do seu tempo?
— Sim.
— Preciso de uma orientação.
— O que posso fazer por você?
— Estou tendo dificuldades em fechar cotações das minhas palestras.

Kevin ficou quieto. Apertou os dedos das mãos. Não respondeu.

— O senhor pode me ajudar? – insistiu o rapaz.

Kevin não respondia. De repente, veio a imagem de Simon na sua mente.

— Vou lhe fazer algo que nunca fiz para ninguém.

Uma palestra é uma missão

— *O que é?* – perguntou o jovem.
— *Tome este cartão. Procure essa pessoa, mas jamais diga que fui eu quem lhe mandei.*
O homem, então, viu o endereço: *Tucson*, no *Arizona*.
— *Tenho que ir até este lugar?*
— *Vá até este endereço. Procure essa pessoa. Diga que necessita de ajuda.*
— *E como essa pessoa poderá me ajudar?*
— *Ela lhe mostrará algo valioso.*
— *O quê?*
— *VOCÊ DESCOBRIRÁ COM SEUS PRÓPRIOS OLHOS!*

****

COMENTÁRIOS DO AUTOR

O mandamento número um neste negócio é:

"Venda a SI MESMO primeiro, depois a sua palestra."

Fuja da história de que o nome da sua palestra ou o seu tema é que venderá (refiro-me ao mercado de palestras para convenções, seminários, etc.). O que vende é VOCÊ!
Na maioria das vezes, as pessoas não desejam saber da MENSAGEM, elas querem saber quem é o "MENSAGEIRO". Portanto,

"O mensageiro é mais importante do que a mensagem."

Estude exaustivamente o seu TEMA. Acorde uma hora mais cedo do que o normal. Dedique-se até altas horas da noite ao estudo. Grandes palestrantes investem na serenidade e paz das horas de escuridão. Se possível, coloque uma bacia de água fria ao lado da sua mesa e todas as vezes que sentir sono, coloque os pés lá dentro.

"O mundo necessita dos MESTRES. Seja um deles!"

****

Capítulo 4
O PROPÓSITO

Edílson Lopes

Los Angeles. Abril de 2003. A festa acontecia na cobertura do luxuoso hotel *Four Seasons*. Uma grande quantidade de carros luxuosos estava estacionada na frente do hotel.

Palestrantes, autores, editores e agentes de *Los Angeles* estavam na festa.

Por volta de dez e meia da noite, uma mulher alta, loira e usando vestido preto começou a percorrer a festa cumprimentando a todos. Uma pessoa a acompanhava com uma caixa de livros nas mãos. Ela entregava um exemplar assinado para quem cumprimentava.

Assim que entregou um exemplar a todos, subiu ao palco montado no meio do salão de festas.

— *Agradeço a todos pela presença nesse dia tão especial do lançamento do meu livro!* – disse a mulher — *É uma alegria receber tantos convidados do mercado de palestras da nossa cidade e também do nosso país!*

O último convidado saiu por volta de uma e meia da manhã. A mulher, então, ficou sozinha com sua agente.

— *Consegui publicar meu livro! Agora sim, minha carreira de palestrante vai decolar!* – disse a mulher para a agente.

Despediram-se dos garçons. Foram direto para o elevador. Desceram até a recepção. Pediram o carro.

Enquanto esperavam, um promotor de eventos aproximou-se delas.

— *Agnella, mais uma vez, parabéns pelo livro.*

Uma palestra é uma missão

— Eu que agradeço a sua presença!

Iniciaram uma conversa enquanto os carros não chegavam. Segundos depois, o homem fez uma pergunta:

— Você morreria por este assunto? – perguntou ele, segurando o livro e apontando para a capa.

— Como assim? – perguntou Agnella.

— O conteúdo deste livro que você escreveu.

— É um assunto que pesquisei. Está no auge, por isso resolvi escrever. Tem algum problema?

Eles ficaram em silêncio. Os manobristas, apressadamente, traziam os carros.

— Você daria sua vida pelas ideias que escreveu aqui? – perguntou ele.

Agnella deu um passo para trás. Viu seu carro na fila para ser entregue.

— Já lhe falei, pesquisei sobre o assunto, vi que era uma boa oportunidade falar sobre ele e alavancar minha carreira de palestrante. Fiz algum mal?

O promotor de eventos ficou quieto. Não respondeu.

— Fiz alguma coisa errada? – insistiu ela.

— Sabe por que a maioria dos palestrantes fracassa?

— Por quê? – perguntou Agnella, já alterada.

— Justamente por isso. Eles falam sobre assuntos que não são o propósito deles, por isso a carreira não decola.

— E como faço para descobrir o meu propósito neste negócio?

— É muito simples. Responda sinceramente: pelo que você morreria?

Um silêncio total entre os dois. Agnella despediu-se, o carro dela já se aproximava. Era o terceiro da fila. Neste momento, ela entregou o comprovante para o manobrista.

Agnella entrou no carro. Não se despediu. Bateu a porta. Sua agente também entrou. O automóvel *Mercedes Benz 280C* saiu pela *Burton Way* em alta velocidade.

Depois de dez minutos, parou seu carro em uma rua sem movimento, próximo à *Santa Monica Boulevard*.

— Vá descansar. Esqueça esse cara! – disse a agente, fechando a porta do carro.

Minutos depois, Agnella parou seu carro em frente a uma bonita casa no bairro de *Santa Monica*.

— *Não acredito.* – disse em voz alta, jogando o livro em cima da mesa, assim que entrou em sua casa.

...

Uma semana depois.

— *Para este endereço, por favor.* – falou Agnella ao taxista.

O automóvel saiu do *Aeroporto Internacional de Orlando*. Minutos depois, parou em frente a um suntuoso condomínio de casas de luxo.

— *Podem seguir.* – disse o segurança.

O táxi avançou e parou em uma luxuosa casa. Um homem a aguardava na porta.

Cumprimentaram-se. Caminharam para a sala dentro da mansão. A farta mesa com café da manhã estava servida.

— *Por que veio me procurar?* – perguntou o homem depois de cinco minutos de conversa.

— *Aprendi na minha vida que você corta caminhos quando fala com alguém que já chegou lá.*

O homem ficou quieto. Pegou uma faca. Cortou o *croissant* ao meio.

— *O que você precisa de mim?*

— *Somente uma coisa.*

— *O que é?*

— *Qual é o seu segredo?*

O homem ficou em silêncio, não respondeu.

Ele, então, colocou na mesa o guardanapo que estava em cima das suas pernas.

— *Espere um minuto.*

Levantou. Foi até o escritório da casa. Voltou com um livro. Jogou-o na mesa.

— *Está vendo isso aqui?*

Agnella olhou para a capa do livro.

— *Eu morro por essas ideias que escrevi.*

— *Entendo.*

— *Esse é um dos motivos pelos quais muitos palestrantes têm uma carreira medíocre!*

— *Como assim?* – perguntou ela.

— *Isso mesmo, medíocre!*

— *O que o senhor me orienta, então?*

Uma palestra é uma missão

— É muito simples. Você morreria pelo seu tema? Você morreria pelo conteúdo da sua palestra? Você morreria por cada palavra que fala em cima do palco?

Agnella olhou para mesa. A governanta quis lhe oferecer mais suco. Colocou a mão em cima do copo.

— Obrigada.

O homem, então, levantou-se.

— Venha comigo, aqui pelo jardim.

Foram até o fundo da mansão.

— Está vendo, lá no fundo, o Magic Kingdom?

— Sim, por quê?

— Você sabe qual era o propósito de Walt Disney?

— Qual?

— Alegrar as pessoas. Ele morria por isso! – disse o homem.

...

Cinco anos depois.

Hotel *Waldorf Astória, Nova York*. Uma mulher fazia uma conferência para mais de 1.500 pessoas no auditório principal do hotel.

— *Por favor, apaguem as luzes agora.* – pediu a palestrante, quase no final da palestra.

Ela, então, projetou uma tela: "MEU PROPÓSITO É AJUDAR VOCÊ A ACHAR O SEU PROPÓSITO".

A palestra terminou. Agnella foi aplaudida de pé. Uma jovem subiu as escadas que davam acesso ao palco.

— Quero ser uma grande palestrante também! – disse a jovem — *Como eu faço?*

Agnella abraçou a jovem.

— DESCUBRA PELO QUE VOCÊ MORRERIA, E QUANDO ACHAR, SERÁ DISSO QUE COMEÇARÁ A VIVER!

****

COMENTÁRIOS DO AUTOR

Então, perguntei para a palestrante no café: "*Você morreria pelo conteúdo deste livro que escreveu?*". Ela respondeu: "*Pensando bem, acho que não!*".

Edílson Lopes

Eu lhe faço a mesma pergunta: *"Você morreria pelas ideias que defende na sua palestra? Daria a vida por elas? Daria a vida pelo seu conteúdo?"*.

É incrível como muitos querem se lançar no mercado, sem ao menos se descobrirem.

"Somente entre no negócio se descobrir primeiro pelo que MORRERIA."

É impossível tornar-se um líder, uma pessoa a ser seguida, sem morrer pelo que se "prega". Não interessa se você é palestrante de vendas, liderança, gestão ou qualquer que seja o assunto. Pense:

"Você está disposto a dar a VIDA pelas ideias que DEFENDE?"

Acredito que 70, 80% das pessoas que nos procuram para iniciar nessa carreira não conseguem responder a essa pergunta.

E você, já descobriu PELO QUE MORRERIA?

Certa vez fiz essa pergunta para minha amiga Mara Ferraz. Ela pensou e deu a mais brilhante resposta que ouvi na minha vida:

"Vou descobrir pelo que MORRERIA e será disso que passarei a VIVER!"

****

Capítulo 5
O PROFESSOR

Edílson Lopes

Oito e vinte da manhã. O voo procedente de *Paris,* com 237 passageiros, começou a balançar. As luzes de emergência foram acesas. Os passageiros sentiam os fortes solavancos da turbulência. Algumas crianças começaram a chorar. As aeromoças deixaram os carrinhos do café no corredor.

Um senhor, vestindo terno azul marinho com camisa branca, fechou o livro que estava lendo e começou a orar. Suas mãos tremiam. Estava desesperado.

Depois de dois minutos, o avião estava novamente sob controle. Os passageiros sentiam-se aliviados. Tudo começara a voltar ao normal. E aquele senhor, finalmente, pode respirar aliviado.

Às 09h33min. o piloto comunicou a aterrissagem para dali a quinze minutos no *Aeroporto Internacional Leonardo da Vinci/Fiumicino*, em *Roma*.

Eram 09h57min. quando o senhor do terno azul marinho caminhava apressadamente com uma pasta pelo setor de desembarque do aeroporto.

— *Graças a Deus!* – falou ao motorista do automóvel que lhe aguardava.

O motorista não disse nada. Olhou para o retrovisor.

— *Podemos ir?*

O senhor acenou positivamente com a cabeça.

O carro saiu em direção ao centro da cidade. Quase quarenta minutos depois, parou em frente ao luxuoso hotel *Via Veneto*.

— *O senhor ficará hospedado aqui. O evento também será neste lugar.* – disse o motorista.

Uma palestra é uma missão

O professor Jean entrou rapidamente no hotel. Passou pela recepção com duas gigantescas colunas de mármore. Uma elegante senhora o aguardava no final do *lobby*. Cumprimentaram-se. Subiram a escada em direção ao mezanino. Foram direto para a sala reservada onde um senhor, aparentando oitenta anos, o aguardava.

— *Professor Jean, quero lhe apresentar nosso reitor, Sr. Enzo.* – falou a elegante senhora.

— *Muito obrigado por ter vindo.* – disse o Sr. Enzo estendendo as mãos para cumprimentar o professor Jean — *Como foi de viagem?*

O professor abaixou a cabeça. Levantou as sobrancelhas.

— *Um dos piores momentos da minha vida.*

A elegante senhora e o Sr. Enzo entreolharam-se.

— *O que aconteceu?*

O Prof. Jean contou o ocorrido. Falou da turbulência e os dois minutos de desespero.

— *O senhor sentiu medo de morrer?*

— *Claro!* – respondeu ele — *Quem não tem?*

O professor, então, continuou a falar.

— *Agora não é hora de morrer. Tenho muitas ideias. Muitas coisas para fazer.*

O garçom servia mais café.

— *E o que o impede de colocar essas ideias para fora?* – perguntou Sr. Enzo.

Professor Jean desviou o olhar. Todos ficaram em silêncio.

O Sr. Enzo tomou um pouco de café.

— *Vou lhe dizer algo que todos os palestrantes deveriam pensar.*

— *O que é?*

— *Muitos profissionais não alavancam a carreira pelo fato de não entenderem o que o Dr. Myles Munroe dizia em suas conferências.*

— *E o que ele dizia?*

— *"Morra vazio"!*

Professor Jean ficou em silêncio. Olhou mais uma vez o relógio. Estava preocupado com o horário.

— *Como assim, morrer vazio?*

— *Se você tivesse morrido hoje, as suas ideias iriam junto contigo para o cemitério, concorda?*

Edílson Lopes

— *Entendo!* – disse, pensativo, o professor.

— *Os maiores palestrantes do mundo morrem vazios. Por isso são os maiores, pois colocam todas as suas ideias para fora.* – concluiu Enzo.

O professor Jean engoliu em seco. Esboçou um pequeno sorriso.

A recepcionista do hotel aproximou-se da mesa com um envelope nas mãos.

— *O apartamento do professor Jean está pronto.*

E entregou as chaves para ele.

— *Vou subir. Daqui a quarenta minutos estarei no auditório.*

Saiu apressadamente. Desceu as escadas. Foi direto para o canto direito do *lobby* onde estavam os elevadores.

Subiu até o 7º andar. Entrou no apartamento 719. Retirou da pasta um caderno de anotações. Escreveu em letras maiúsculas na capa, do lado esquerdo: "MORRA VAZIO".

Tirou com cuidado uma camisa branca que estava na pasta. Colocou-a em cima da cama. Foi para o banho.

Às 11h35min. chamou o elevador. Desceu até o *lobby*. Passou por um jardim, depois subiu uma escada rolante que dava acesso ao auditório. A mesma elegante senhora já o esperava na entrada da sala VIP.

— *Quantas pessoas teremos hoje?*

— *Pouco mais de 300 participantes.* – respondeu ela.

Um painel com a foto do professor Jean na entrada do auditório anunciava: "Palestrante *Top Of Mind* na *França*".

A palestra começou pontualmente ao meio dia. Uma hora depois, o professor terminou sua apresentação e foi aplaudido de pé. Recebeu os cumprimentos e foi direto para a sala VIP.

— *Missão cumprida, Sr. Enzo.* – falou o professor assim que entrou na sala — *Agora preciso voltar urgentemente para Paris.*

Ele tomou um pouco de água. Pegou a pasta. Um táxi o aguardava na recepção do hotel. Em 30 minutos, o automóvel parou em frente ao portão do aeroporto.

Agradeceu ao motorista. Olhou para o relógio. Entrou pelo saguão principal. Foi em direção ao *check-in* da *Air France*. Quase uma hora depois, sentado na poltrona 1C do voo 749, bebia seu champanhe servido na primeira classe olhando para a frase que havia escrito em seu caderno de anotações: "MORRA VAZIO".

Uma palestra é uma missão

...

O voo atrasou. O aeroporto *Charles de Gaulle*, em *Paris*, estava congestionado.

— *Vamos nos falar ainda hoje.* – disse o professor por telefone assim que desceu da aeronave.

— *Aconteceu alguma coisa, professor?* – perguntou do outro lado uma voz masculina.

— *Não aconteceu nada.* – respondeu ele — *Encontre-me no restaurante Jules Verne, na Torre Eiffel, hoje à noite sem falta.* – finalizou a conversa.

...

O professor checou o relógio. Faltavam cinco minutos para as dez horas da noite. Entrou no elevador panorâmico da *Torre Eiffel*. Parou no terceiro andar. Foi direto para o restaurante.

— *Tenho uma reserva.*

A recepcionista o acompanhou até sua mesa. Sentou-se. Minutos depois, uma mão tocou no seu ombro.

— *Tudo bem?* – perguntou um homem com semblante preocupado.

Cumprimentaram-se. Pediram uma bebida. Depois de quase dez minutos de conversa:

— *Escute, George, estamos nesse negócio de palestra há anos. Escutei algo em Roma que me deixou assustado.*

O amigo arrumou-se na cadeira.

— *O que foi?*

— *Uma pessoa me disse que a maior estratégia que um palestrante pode ter é morrer vazio!*

— *Como assim?*

Ele contou sobre a conversa que teve em *Roma* com o senhor de oitenta anos de idade. Disse que ficou impressionado quando o homem falou que a maioria dos palestrantes não decola, pois não coloca para fora suas ideias, seus conhecimentos. Explicou também que o cemitério é um lugar rico de ideias e planos que nunca foram executados.

— *Está vendo esta agenda aqui?* – perguntou o professor, colocando-a sobre a mesa — *Veja o que escrevi na capa.*

George pegou a agenda. Leu o que estava escrito: "MORRA VAZIO".

O professor continuou:

— A maioria dos palestrantes que não decola é porque não entendeu isso.

Enquanto um garçom colocava mais vinho nas taças, o outro servia o salmão. O cheiro agradava aos dois.

— Quero alavancar ainda mais a minha carreira de palestrante. Quero morrer vazio! – disse o professor.

George, então, pediu um minuto para o professor.

— Pode me escutar agora?

— Sim, pode falar.

— Concordo com o que está me dizendo. – disse George levantando um pouco a voz —Mas preciso lhe dizer algo.

— O quê? – perguntou o professor.

— O nome correto para essa estratégia não é morra vazio.

— Qual é, então?

— DOE SEUS TALENTOS TODOS OS DIAS, POIS VOCÊ NUNCA SABE QUANDO SERÁ SEU ÚLTIMO DIA!

****

COMENTÁRIOS DO AUTOR

Um dos maiores pregadores de todos os tempos foi o Dr. Mylles Munroe. Ele é o autor da famosa frase:

"O cemitério está cheio de ideias não colocadas em prática, de livros não escritos e parcerias não feitas."

Ele tinha toda razão. Temos muitos pensamentos, planos, ideias mas, na maioria das vezes, as coisas não saem do papel.

Quantos livros estão na sua cabeça agora? Quantas ideias você já teve e não implantou? Quantas parcerias pensou em fazer? E por que não executa o que tem na mente? O que o impede?

Pelo menos duas coisas podem impedir o seu desenvolvimento neste negócio:

"A preguiça e a falta de um mentor atrapalham o progresso de um palestrante."

Uma palestra é uma missão

Quanto à preguiça, a única coisa que posso lhe dizer é um dos ensinamentos do sábio Rei Salomão. Preste atenção nas palavras dele: "O diligente terá em abundância.". Quanto a ter um mentor, já falamos em outro capítulo: procure um SÁBIO, procure um MESTRE. Não ande sozinho. Procure alguém para ajudá-lo a colocar todas as suas ideias, seus planos e seus sonhos em prática.

"Não morra com as suas ideias." Pergunte todos os dias para o seu travesseiro antes de dormir: "Se eu morrer amanhã, MORREREI VAZIO?"

****

Capítulo 6
O RABINO

Edílson Lopes

Um homem desceu do táxi às nove e vinte da manhã em frente ao portão principal do *Aeroporto de Heathrow,* em *Londres*.
Passou pelo *check-in*, depois pelo controle eletrônico e foi direto para o *Terminal 5*. Procurou seu voo no painel eletrônico: "A 427 – *Nova York* – portão 35".

Andou por nove minutos. Parou em frente ao portão. Dirigiu-se à cafeteria do aeroporto. Sentou-se. Abriu a pasta, retirou alguns papéis. Depois, ligou seu computador e entrou na sua conta bancária. Examinou o extrato. Ficou apavorado. Sacou rapidamente seu celular. Fez uma ligação.

— *Tem certeza?* – perguntou desesperado depois de dois minutos de conversa.

— *Isso mesmo, Leon. Você não tem mais dinheiro.* – respondeu a pessoa do outro lado da linha.

— *Você checou o que tenho para receber de honorários de palestras futuras?*

— *Infelizmente o que você tem a receber não cobrirá o seu rombo financeiro.*

Leon ficou apavorado. Passou as mãos na cabeça. Levantou-se.

— *Até quando vai durar esta situação?*

— *Posso falar o que penso?*

— *Claro, afinal, você trabalha comigo.*

— *A solução seria você vender mais palestras.*

Uma palestra é uma missão

Leon ficou mudo. Sentou-se novamente.
— *Depois conversamos.*
Leon desligou o telefone.
O embarque foi anunciado. Ele entrou na fila com a passagem e documentos em mãos.
— *Boa viagem, Sr. Leon.* – falou a funcionária da *United Airlines* destacando o canhoto da passagem.
O avião tocou o solo do aeroporto *John F. Kennedy*, em *Nova York*, às cinco para as quatro da tarde. Leon desceu com a pasta e partiu em direção à saída do aeroporto.
Uma mão tocou seu ombro na fila do táxi.
— *Como vai?*
— *Thomas, prazer em revê-lo!* – respondeu Leon para seu amigo.
Conversaram durante cinco minutos.
— *Quando podemos conversar mais?* – perguntou Leon.
— *Tenho um evento hoje à noite no Brooklin. Se quiser ir, é meu convidado.*
— *Onde será?*
— *Na sinagoga Kehilat.*
— *Sinagoga?* – perguntou Leon, meio sem jeito.
— *Sim, os rabinos são meus clientes.*
— *Não entendi. Os judeus são seus clientes?* – perguntou assustado Leon.
— *Isso mesmo! Tome aqui o endereço. Aguardarei você!*
...
O táxi parou em frente à sinagoga faltando cinco minutos para às nove da noite.
Leon identificou-se. Subiu as escadas, entrou em um suntuoso salão. Thomas já o esperava na entrada do salão.
Conversaram por cinco minutos.
— *Ficaremos naquela mesa ali, em companhia do rabino Isaac.*
O rabino chegou em menos de dois minutos. Foram apresentados.
Após dez minutos de conversa, Leon estava impactado com a sabedoria do rabino. Anotava tudo em um guardanapo.
— *O senhor tem alguma orientação para minha carreira de palestrante?* – perguntou Leon para o rabino.

48

O rabino passou a mão na barba. Olhou bem nos olhos de Leon. Aproximou-se.

— *Permita-me dizer algo que servirá eternamente para sua carreira.* Leon ficou atento. Seus olhos estavam fixos nos olhos do rabino.

— *Veja o caso de uma mulher que está no período de amamentação.* – falou o rabino — *Quanto mais leite ela dá, mais leite ela produz.*

Um silêncio total na mesa. Ninguém falou nada. O rabino passou as mãos na barba novamente.

— *Eu não conheço o seu mercado, mas tenho certeza de que os palestrantes mais contratados são aqueles que mais doam o seu conhecimento ao mundo. Quanto mais você doar o seu conhecimento, mais você produzirá novos conhecimentos.*

Leon ficou quieto.

— *Grandes palestrantes receberam o dom do conhecimento.* – falou o rabino — *Portanto, eles têm a obrigação de devolver esse dom ao mundo.*

— *Como assim, rabino?*

— *É o que eu acabei de lhe falar sobre a mulher que está no período de amamentação.*

— *Explique, por favor.*

— *Quanto mais você esparramar o que sabe, mais produzirá.*

O rabino complementou:

— *Há quanto tempo você não escreve um artigo? Um livro? E o seu blog? E os vídeos? E suas redes sociais? Quanto mais você esparramar os seus conhecimentos, mais produzirá e mais as pessoas o conhecerão.*

O jantar terminou. Leon apertou as mãos do rabino:

— *Jamais esquecerei seus ensinamentos!*

Thomas acompanhou Leon até a saída. O relógio marcava vinte minutos para meia noite.

— *Essa conversa ficará na minha mente pelo resto dos meus dias.*

— *Então, o meu convite foi válido?* – perguntou Thomas.

— *Com certeza! E encontrá-lo no aeroporto hoje foi muita coincidência, concorda?*

— *Você acredita em coincidência?* – perguntou Thomas.

— *Claro que acredito em coincidência!* – respondeu Leon.

— *Já ouviu falar de Albert Einstein?*

Uma palestra é uma missão

— *Claro, um gênio!*
— *Posso lhe dizer uma frase de Albert Einstein que resumirá o nosso dia de hoje?* – perguntou Thomas.
Leon deu um sinal de positivo com a cabeça.
— *COINCIDÊNCIA É A MANEIRA QUE DEUS ENCONTROU PARA PERMANECER NO ANONIMATO!*

****

COMENTÁRIOS DO AUTOR

Certa vez, perguntei a um palestrante: "*Quem fez seus slides*?". Ele me olhou e respondeu com um pequeno sorriso: "*Não posso falar.*".

Esse palestrante reteve com ele os talentos de quem havia criado aqueles *slides*, impossibilitando a pessoa de arrumar outros clientes. Isso é roubo!

"Esparrame os seus talentos e os dos outros também."

Não segure o que não é seu. Se você conhece algum bom fornecedor para seus amigos, indique. Não interessa se o amigo é seu concorrente ou não. Entenda que o "talento" dos outros não lhe pertence.

Se durante sua apresentação você citar algum ensinamento de um escritor, palestrante ou consultor, dê o crédito.

"Quanto mais o palestrante dá o crédito de uma ideia, mais ele será honrado."

Faça como a mulher que está amamentando: quanto mais leite ela dá, mais produzirá.

"Esparrame tudo o que você descobriu e o mundo lhe devolverá muito mais do que vem RECEBENDO."

****

Capítulo 7
O REI DOS DIAMANTES

Edílson Lopes

L*as Ve*gas, abril de 2017. Um homem, acompanhado de uma elegante mulher, saiu do apartamento 1459, por volta das 19h30min., no luxuoso hotel *Grand MGM*. Entraram no elevador. Em menos de dois minutos, estavam no *lobby* do hotel.

Caminharam pelo imponente corredor de mármore. Pararam em frente ao teatro dentro do hotel. Um cartaz na porta anunciava: "*Cirque du Soleil – KÀ*".

— *É aqui, vamos entrar.* – disse o homem.

Sentaram-se na terceira fila. O espetáculo começou pontualmente às 20h. Depois de quinze minutos, uma mensagem chegou no telefone do homem.

Disfarçadamente o homem leu a mensagem. Ficou impaciente. Um nervosismo tomou conta dele.

O espetáculo terminou uma hora e meia depois. Saíram em direção ao *lobby* do hotel. O homem estava tenso.

— *Perdi mais uma cotação de palestra.*

— *Outra vez, Alan?*

— *O cliente queria um especialista.* – respondeu o homem.

— *Sei que está nervoso, mas pense nisso somente quando voltarmos à Nova York.*

Caminharam pelo carpete vermelho em direção à recepção. O homem viu uma movimentação de pessoas no bar *Whiskey Down*, do outro lado do corredor. Pegou na mão da sua esposa.

Uma palestra é uma missão

Caminharam em direção ao bar.
— Quero ver o que está acontecendo antes de subirmos para o apartamento.
Uma *hostess* veio ao encontro do casal.
— Pois não? Vieram para a recepção do "Rei dos Diamantes"? – perguntou a elegante moça.
— Rei dos Diamantes?
— Isso mesmo! O senhor não o conhece?
— Não, não conheço nenhum Rei dos Diamantes! – falou Alan pensativo. — Por que o chamam assim?
A bonita recepcionista fechou o cardápio que estava em suas mãos:
— O nome dele é Salomon Dayan, um judeu milionário. Ele viaja pelo mundo todo. Os lugares que mais frequenta são este hotel, aqui em Las Vegas e também o Ritz, em Paris. Ouvi comentários de que ele é o maior comerciante de diamantes do mundo.
— Posso ir até a mesa dele?
— O senhor é convidado?
— Não sou. Por quê?
Ela explicou que o espaço reservado era somente para convidados. O homem agradeceu. Retirou-se.
— Queria falar com esse judeu. Gosto de colocar histórias de pessoas bem-sucedidas na minha palestra. Isso prende a atenção do público. Procurarei pelo "Rei dos Diamantes" amanhã cedo, no café da manhã. – disse ele para sua esposa enquanto caminhavam rapidamente em direção ao elevador.
...
Manhã do dia seguinte. Alan discutia exaustivamente com um funcionário do restaurante pedindo acesso à ala reservada ao milionário.
Após vinte minutos de discussão, um alto funcionário apareceu.
— Entre, o senhor Salomon irá atendê-lo. – disse o funcionário enquanto abaixava a fita que estava presa impedindo a passagem.
Alan caminhou rapidamente, cercado por dois seguranças, em direção a uma enorme mesa no fundo do restaurante.
Apresentou-se. Pediu desculpas por estar incomodando. Salomon Dayan levantou-se da cadeira. Cumprimentou-o com um forte aperto de mãos.

Alan disse que trabalhava no mercado de palestras e autoajuda.

— *Pesquiso homens ricos e poderosos para colocar como exemplos em minhas palestras.*

O Judeu pediu, então, para ele sentar-se.

— *Estou à disposição.*

— *Por que o chamam de "Rei dos Diamantes"?*

Salomon levantou as sobrancelhas. Lançou um olhar forte para Alan. Pegou a xícara, tomou um pouco do seu café. Tirou seus óculos, esfregou a pálpebra do olho direito.

— *Quem você acha que deu esse nome para mim?*

— *Não sei.* – falou Alan, espantado.

— *Eu sempre fui um negociador de diamantes. Vendia diamantes para o mundo todo. Só que eu precisava de um título. Assim como vocês, palestrantes, também precisam. Concorda?*

Os olhos de Alan ficaram perplexos.

— *Como assim nós, palestrantes?*

— *Um título dá uma notoriedade maior para uma pessoa no mundo dos negócios. Serve como referência. O seu negócio é a mesma coisa que o meu. Você já tem um título?*

— *Não tenho! Preciso ter?*

— *Claro que sim! Você precisa se "autobatizar". Eu mesmo me autobatizei como "O Rei dos Diamantes". Depois que fiz isso, meus negócios mais do que dobraram. As pessoas querem fazer negócios com quem é referência. Por que você não se autobatiza?*

Alan estava espantado com a história do judeu. Em segundos, relembrou da briga que tivera com sua esposa logo cedo, quando disse que tentaria falar com o judeu no café da manhã.

— *Mas, de fato, o senhor é o Rei dos Diamantes?*

O Judeu levantou as sobrancelhas.

— *Não é questão de ser ou não ser. O fato é que, depois que me autobatizei, coloquei foco e energia para honrar esse meu título. Pesquisei e aprendi tudo sobre diamantes. Por que você não faz o mesmo?*

Alan retirou do paletó um bloco de anotações. Escreveu algo. Aproximou-se de Salomon:

— *Muito obrigado mesmo!*

Despediram-se. Seguiu direto para os elevadores.

Uma palestra é uma missão

— Vamos rápido para o aeroporto. – falou para a esposa assim que entrou no apartamento. — Nosso voo sairá às 13h.

O voo 1730 da *American Airlines* saiu com quinze minutos de atraso do *Aeroporto Internacional McCarran*, em *Las Vegas*, com destino ao aeroporto *La Guardia*, em *Nova York*.

...

Segunda-feira. Um táxi estacionou em frente ao número 135 da *Madison Avenue* às oito e meia da manhã. Alan entrou rapidamente pelo acesso principal. Subiu direto para o 9º andar. O escritório estava vazio.

Revirou as gavetas da sua mesa. Mexeu nos armários. Vasculhou várias anotações. Em seguida, caminhou até outra sala. Retirou do armário cinco DVDs com gravações de suas palestras. Colocou tudo dentro da pasta. Em menos de cinco minutos, caminhava apressadamente pela *Madison Avenue*.

Quando chegou na *34th Street* virou à direita. Entrou em um prédio. Identificou-se na recepção. Subiu até o primeiro andar pelas escadas. Avançou por um corredor escuro. Passou por várias salas. No final do corredor, virou à esquerda.

— *Não entendo o porquê desse desespero!* – disse um homem em frente a uma sala com a porta aberta.

O homem beirava quase dois metros de altura. Estava vestido com um terno preto, camisa branca e gravata preta. Apertou as mãos de Alan:

— *Entre.*

— *Obrigado por me receber tão cedo.* – disse Alan. — *Eu precisava falar com você. Estou angustiado. Tem cinco minutos?*

— *O que é?* – respondeu Charlie.

— *Cheguei ontem de Las Vegas. Acabo de passar no meu escritório. Está vendo esses meus folders e DVDs?*

— *Sim, o que têm de errado?* – perguntou Charlie.

— *Observe que não sou especialista em nada. Falo de tudo para todos.*

— *Sim, mas o que tem de errado nisso?*

— *Meu nome não está "amarrado" a nenhuma especialidade. Por isso minha carreira não decola!* – falou Alan abrindo os *folders*. — *Veja isso, falo de vendas, liderança, motivação e outros assuntos.*

— *Você se lembra de dizer que era assim que queria?*

— *Eu sei. Mas quero mudar isso o mais rápido possível.*

— O que você quer?
— Quero me "autobatizar"!
Charlie ficou mudo. Calado. Em seu rosto, uma expressão de espanto.
— Não quero mais essa história de falar vários temas. Quero ser referência somente em um assunto! Não quero ter uma carreira medíocre!
— E qual será o seu autobatismo? Em qual assunto você quer ser referência? – perguntou Charlie.
Alan baixou os olhos. Em seguida, olhou para Charlie:
— Quero ser um dos maiores especialistas em negociação dos Estados Unidos!
— Você está louco? – gritou Charlie. — Como você pode dizer que é um dos maiores especialistas em negociação dos Estados Unidos?
— Esse sempre foi meu tema principal. É o assunto que mais estudei na minha vida. Os outros temas eu somente complementava!
Alan retirou seu computador da pasta. Colocou-o sobre a mesa.
— Vamos mudar toda a minha comunicação.
— Tem certeza?
— Claro! – falou Alan, quase gritando. — Quero colocar foco e energia somente neste assunto.
Charlie argumentou que seria loucura fazer tudo aquilo de uma hora para outra:
— Não se pode mudar uma comunicação do dia para noite. Isso pode lhe custar caro.
— Não tem problemas. Estou disposto a pagar o preço.
O silêncio permaneceu na sala. Ninguém disse mais nada. Alan levantou-se. Despediu-se. Desceu as escadas. Passou pela recepção. Saiu pela calçada. Em menos de dez minutos, estava em sua mesa, no seu escritório.
As duas mãos seguravam seu queixo. Os olhos estavam fixos em um quadro na parede da sala. Levantou-se. Caminhou até a parede. Pegou o quadro. Uma frase estava escrita em letras maiúsculas e em negrito: *"A ÚNICA PESSOA QUE PODE MUDAR A CARREIRA DE UM PALESTRANTE É ELE MESMO!"*.
...
Sete anos depois.
Um avião da *Air France* tocou o solo *do Aeroporto Charles Degaulle*, às sete horas da noite, procedente do *Aeroporto Internacional John F. Kennedy*, de *Nova York*.

Uma palestra é uma missão

Um casal, elegantemente vestido, desceu da primeira classe e foi diretamente para a imigração.
— *Ficaremos cinco dias.* – respondeu o homem para o fiscal.
— *Em qual hotel se hospedarão?*
— *Hotel Ritz.*
O fiscal bateu forte o carimbo em cada um dos passaportes.
— *Podem seguir.*
Recolheram as bagagens. Um automóvel *Mercedes Benz,* de cor branca, os aguardava.
Em menos de quarenta minutos o automóvel estacionava na *Place Vendome* em frente a um dos hotéis mais luxuosos do mundo: o *Ritz*.
Um mordomo pegou as bagagens. O casal entrou na elegante recepção do luxuoso hotel. Caminharam por um piso de mármore claro com um tapete azul. Alan observava as cadeiras e mesas do século XIX.
— *Senhor, agradeço sua presença em nosso hotel e também de sua linda esposa.* – saudou uma elegante senhora. — *Vou acompanhá-los até a suíte.*
Durante o caminho, passaram em frente ao bar *Hemingway,* dentro do hotel.
— *O que está acontecendo aí nesse bar?*
— *É uma festa privada de um milionário judeu.* – respondeu a elegante senhora.
— *E quem é esse milionário?* – perguntou Alan depois de parar abruptamente.
— SALOMON DAYAN. AS PESSOAS TAMBÉM O CHAMAM DE "O REI DOS DIAMANTES"!

****
COMENTÁRIOS DO AUTOR

Tome uma decisão ainda hoje! Chame a responsabilidade para si. Faça um "autobatismo" conforme a história que acabou de ler.
Entenda que, a partir do momento em que você fizer o seu autobatismo, será obrigado a pesquisar e estudar praticamente TUDO relativo ao seu "batismo".

Edílson Lopes

"Quem se autobatiza, ganhará FORÇA e VISÃO imediatamente."

Não deixe o tempo passar. Defina rápido para qual tema você veio ao mundo. Dê autoridade a você MESMO e descobrirá um novo caminho para chegar ao TOPO!

****

Capítulo 8
O TREINADOR

Edílson Lopes

Um táxi estacionou em frente ao luxuoso hotel *Hilton*, em *Palm Springs*, na *Califórnia*, faltando vinte minutos para às oito horas da noite.
  Uma mulher, aparentando trinta e poucos anos, usando um vestido preto e óculos de lente, desceu carregando uma mala e uma pasta.
  Dirigiu-se à recepção. A atendente solicitou-lhe os documentos para o *check-in*.
  — *Preciso também do seu cartão de crédito. Há uma diferença ainda a ser paga pela diária desta noite.*
  Alguns segundos depois:
  — *Sinto muito, seu cartão foi recusado. A senhora tem outro cartão?*
  — *Não, somente esse!*
  — *Sinto muito, não poderei liberar seu apartamento, pois ainda há uma diferença de U$ 130 dólares a ser paga.* – disse a recepcionista.
  A mulher ficou muda. Passou a mão pelos cabelos. Sentiu uma forte dor no estômago. Um desespero tomou conta do seu rosto. Afastou-se devagar da recepção. Foi para um canto do *lobby*. Sentou-se. Deu um suspiro. "*E agora?*", pensou.
  Levantou-se. Foi para o *american bar*.
  — *Uma água, por favor.*
  Suas mãos estavam trêmulas. Tirou os óculos. Esfregou os dedos sobre as pálpebras. Sacou seu celular.

Uma palestra é uma missão

— Mãe, preciso do número do seu cartão de crédito urgentemente.
Explicou o que estava acontecendo.
— Filha, essa sua história de querer se tornar palestrante está acabando com nosso dinheiro. Daqui a pouco não teremos mais nada.
Discutiram. Depois de dez minutos, a mãe forneceu o número do cartão.
— Agora tudo certo. Tome sua chave. – falou a recepcionista.
A mulher caminhou apressadamente para o fundo do *lobby*. Subiu até o terceiro andar. Entrou no apartamento 309. Tomou seu banho. Vestiu-se rapidamente. Às 20h40min., entrou no elevador. Parou no primeiro andar. Foi direto para o auditório.
"Bem-vindos, palestrantes!". Uma faixa saudava os participantes.
O *foyer* estava lotado. Um coquetel era servido. Palestrantes dos *Estados Unidos* e *Canadá* estavam presentes.
— *Seu nome, por favor?* – perguntou uma pessoa que fazia o credenciamento.
— *Katie Foster.*
A recepcionista entregou o crachá, alguns *folders* e também uma pasta. Na capa da pasta estava escrito: "10º Encontro de novos palestrantes. Estratégias para decolar a carreira de um conferencista".
A porta do auditório se abriu. Katie caminhou pelo carpete vermelho do auditório. Admirou o pé-direito da sala, cerca de sete metros de altura. Viu cinco telões de 200 polegadas no fundo do palco. Um filme de boas-vindas era exibido. Cerca de 500 participantes acomodaram-se rapidamente.
Achou um único lugar na primeira fila. Acomodou-se.
A plateia aplaudiu de pé quando o organizador chamou ao palco James Cooper.
— *O maior treinador de palestrantes dos Estados Unidos.* – disse o organizador.
A palestra começou em ritmo acelerado. James explicou os motivos pelos quais alguns palestrantes davam certo e os motivos pelos quais muitos não davam. Katie anotava tudo em ritmo frenético.
Após vinte minutos, James disse:
— *Olhos, todos os palestrantes têm. Mas visão, somente alguns!*

Nesse instante a plateia ficou pensativa. Ninguém respirava.

— *Vocês que estão aqui têm olhos ou visão?* — disse o treinador, provocando a plateia — *Vou lhes mostrar, esta noite, qual a diferença entre olhos e visão neste negócio. A pior coisa que pode acontecer para vocês é querer dar palestras. Isso os levará ao fracasso e, em muitos casos, à falência.*

O público não entendeu.

Katie sentiu seu estômago doer. Um mal estar tomou conta de si.

— *Se você pensa no mercado de palestras, está pensando com os olhos. Mas se você pensa no mercado do conhecimento, está trabalhando com uma visão. Esse é o segredo.*

Katie ouvia tudo atentamente. Seu coração estava acelerado. Não piscava. Os telões projetavam somente a imagem do palestrante.

A conferência durou quarenta minutos. Ao final, todos aplaudiram em pé.

O mestre de cerimônias subiu para agradecer. Um *coffee break* foi anunciado.

Katie saiu apressadamente do auditório em direção ao jardim em frente à piscina. Ficou parada por alguns minutos. Depois, sentou-se. O relógio marcava dez horas da noite.

Retirou da bolsa um papel onde fez as anotações da palestra. Uma frase se destacava: "Não queira entrar no mercado de palestras. Entre para o mercado do conhecimento".

Olhou para baixo. Colocou as mãos nos joelhos. Levantou-se. Foi para o apartamento. Pegou sua mala. Chamou o elevador. Passou pela recepção.

— *Obrigada, mas não dormirei no hotel hoje.*

Entrou no táxi.

— *Vamos para a estação rodoviária, por favor.*

À meia noite e dez minutos entrou no ônibus da *Greyhound Lines*, no terminal de *Palm Springs*. Destino, *Burbank*, subúrbio de *Los Angeles*. Três horas depois, subia dois lances de escada de um modesto prédio de apartamentos de 15 metros quadrados.

Abriu a porta. Acendeu a luz. Agachou-se para pegar uma correspondência. Viu a cama desarrumada com alguns livros em cima. Sentou-se em um sofá marrom antigo no canto. Começou a chorar.

...

Uma palestra é uma missão

O dia amanheceu com muito sol em *Los Angeles*. Katie foi até uma *Starbucks Coffee*. Leu os jornais do dia. Olhou para o seu relógio. Eram 09h05min. Sacou seu celular.

— Preciso falar com o Sr. James Cooper urgentemente. É possível?
— A senhora marcou alguma reunião com ele?
— Não marquei. A que horas ele chegará?
— Acredito que por volta das 11h. Ele esteve em um evento ontem à noite, em Palm Springs.

O ônibus parou na esquina da *Gladys Avenue* com a *8th Street* às dez e trinta e cinco da manhã. Katie viu um prédio espelhado do outro lado da rua. Esperou o sinal de pedestres. Atravessou.

Identificou-se na recepção. Entrou no elevador. Subiu até o 23º andar. Entrou na sala 2317.

— *Não posso garantir que ele a atenderá* – disse a secretária.
— *Já tive desafios maiores na vida!* – respondeu Katie.

James chegou faltando cinco minutos para às onze horas. Foi abordado por Katie logo na entrada. Conversaram durante três minutos em pé.

— *Entre nesta sala. Já volto.* – disse ele.

Em menos de dois minutos, retornou. Escutou atentamente o desespero de Katie.

— *Quero ser palestrante!*
— *Você entendeu minha palestra ontem à noite?* – perguntou ele.

Ela ficou calada. Não respondeu.

— *Venha por aqui.*

James a levou para a sacada do escritório.

— *O que você está vendo aqui desta sacada?*
— *Vejo vários prédios, estamos no centro de Los Angeles.*
— *É somente isso mesmo que você vê?* – perguntou James.
— *Sim, só estou vendo prédios.* – respondeu ela.
— *Viu aquela montanha lá no fundo?*

Ela franziu a testa.

— *Ah sim, agora percebo a montanha no sentido de Hollywood. Mas, o que isso tem a ver?*
— *No momento em que você vê somente prédios, você está no mercado de palestras. Quando enxergou aquela montanha lá no fundo, passou a ver o mercado do conhecimento!* – explicou James — *O que*

existe é o mercado do conhecimento e não mercado de palestras. Por isso muitos fracassam.

Voltaram para a sala. James pegou uma folha em branco.

— Agora vou tirar você do mundo das palestras e te colocar no mundo do conhecimento. – disse ele —Qual o seu tema?

— Vendas.

— Alguma especialidade?

— Atendimento a clientes! – disse Katie, já com um sorriso no canto da boca.

— Se você tivesse que contratar alguém para uma palestra de atendimento, você contrataria um palestrante de atendimento ou uma referência no assunto?

— Uma referência, é claro! – respondeu Katie.

— Se é uma referência, então é uma autoridade, concorda?

— Sim!

— E o que a pessoa precisa para ser uma autoridade ou referência em algum assunto?

Katie ficou pensativa. Olhou pela janela novamente. Viu os prédios e agora uma montanha ao fundo.

— Eu vou ajudá-la, Katie. – disse James — O segredo de um palestrante é ser um mestre no seu tema!

Katie balançou a cabeça concordando.

— Você é mestre no seu tema? – perguntou James.

Ela puxou um papel que estava em cima da mesa. Sacou uma caneta da sua bolsa.

— Diga-me, como posso me tornar um mestre no meu tema?

— Seu tema não é atendimento? Então, você precisa se tornar um mestre em atendimento. Concorda?

— Nunca havia pensado dessa forma.

— Pesquise profundamente, escreva o máximo que puder sobre o assunto. Esparrame as suas ideias e, aí sim, será um mestre nesse assunto.

— Esse é o melhor caminho?

— Não é um caminho fácil, mas lhe digo, com certeza, que é um caminho seguro!

Nesse instante, Katie olhou para a parede. Viu um quadro com os dizeres: "OLHOS, TODOS OS PALESTRANTES TÊM. MAS VISÃO, SOMENTE OS MAIORES".

Uma palestra é uma missão

...
Sete anos depois.

Roma, maio de 2015. Uma mulher e sua mãe entraram no luxuosíssimo hotel *Hassler*, bem no centro da capital italiana.

Assim que chegaram ao balcão para o *check-in*, um champanhe foi oferecido.

A filha virou-se para a mãe:

— *E pensar que um dia eu não tive dinheiro para pagar uma diária de hotel!*

— *Lembro-me bem!* – disse a mãe sorrindo.

— *Algumas coisas que acontecem em nossa vida servem para o nosso bem. Se eu não tivesse ficado revoltada naquele dia, talvez não estaríamos aqui hoje.* – disse a filha.

— *Você tem razão.* – respondeu a mãe.

— *Há uma frase que jamais sairá da minha cabeça e que já falei para vários palestrantes que estão começando.*

— *Qual é a frase?* – perguntou a mãe.

— OLHOS, TODOS OS PALESTRANTES TÊM. MAS VISÃO, SOMENTE OS MAIORES DO MUNDO!

****

COMENTÁRIOS DO AUTOR

Em qual mercado você está? O de palestras ou de conhecimento?

Se o seu sonho é tornar-se um palestrante, mas não sabe responder a essa pergunta, já adianto: você irá FRACASSAR! Não existe MERCADO DE PALESTRAS, o que existe é o MERCADO DO CONHECIMENTO. Se você focar em dar palestras, o seu caminho será penoso e muito difícil. Agora, se focar em estar no mercado do conhecimento, aí sim, o mar se abrirá para você.

Quando você FOCA no mercado do conhecimento, entende que dar palestras é consequência do seu foco e força no mercado do conhecimento.

"Os maiores palestrantes do mundo estão no mercado do conhecimento e não no mercado de palestras."

Edílson Lopes

Por isso, inúmeros convites chegam à mesa deles todos os dias!

"Querer dar palestras é trabalhar com os olhos. Estar no mercado do conhecimento é trabalhar com visão."

Olhos, todos os palestrantes têm. Mas VISÃO, somente ALGUNS!

****

Capítulo 9
O VISIONÁRIO

Edílson Lopes

Nassau, Bahamas, ano de 2009. Um avião da *American Airlines* tocou o solo do *Aeroporto Internacional Lynden Pindling* às 17h15min.

Os 140 passageiros foram acomodados em quatro ônibus. Depois, partiram para o luxuoso resort *Atlantis Paradise Island*.

Uma ala especial do hotel estava separada para o *check-in* do grupo. Os passageiros recebiam as chaves e a programação do evento da noite no salão principal.

Um dos passageiros afastou-se do grupo. Foi até o *american bar*. Sacou seu celular.

— *Aumentamos os números?*

— *Ainda não.* – respondeu um homem por telefone a quase 3.000 quilômetros de distância.

— *Por que será?*

— *Confesso que não sei explicar.*

— *E agora, o que faremos?* – perguntou o homem de dentro do *american bar* do hotel.

— *Bruce, você acha que devemos colocar mais conteúdo?*

— *Já colocamos todo tipo de conteúdo nas minhas mensagens.* – tomou um pouco da sua água — *O fato é que o número de seguidores não aumenta.*

— *Se continuar dessa forma, acho que logo estará falido.*

Bruce esfregou os dedos nas pálpebras. Desligou o celular. Permaneceu sentado. Olhou para o balcão, a fila para o *check-in* havia diminuído.

— *A conta, por favor.*

Uma palestra é uma missão

— U$ 5 dólares. – disse o *barman*.

Pagou a conta. Foi direto para a recepção. Fez o *check-in*. Acionou o elevador. Apertou o décimo andar.

Entrou no apartamento. Jogou a mala na cama. Foi direto para o banho. O relógio marcava vinte minutos para as sete da noite.

Arrumou-se. Desceu imediatamente para o Centro de Convenções. Um coquetel era servido.

— *Qual o número de participantes do evento?* – perguntou Bruce para outro palestrante.

— *O avião todo!* – respondeu —*O voo era fretado. Estamos todos em busca de estratégias para decolar nossa carreira.*

Continuaram a conversa no *foyer* do salão. Às oito horas da noite, um aviso foi dado pelo microfone central:

— *Por favor, entrem na sala. Começaremos em cinco minutos.* – disse um locutor.

Os participantes acomodaram-se no salão principal do *resort*. Muitos já se conheciam.

Bruce procurou um lugar na primeira fileira. Viu uma cadeira vazia bem no meio. Sentou-se de frente para o palco.

Às 20h15min., o mestre de cerimônias subiu as escadas que davam acesso ao palco. Fez a saudação oficial do evento.

— *Bem-vindos ao 12º Encontro de palestrantes dos Estados Unidos, as principais estratégias para decolar a carreira de um palestrante.*

Logo em seguida, anunciou o primeiro convidado.

— *Vamos receber Jacob Morgan, considerado um dos maiores palestrantes dos Estados Unidos!*

Jacob subiu as escadas do palco aplaudido de pé. Recebeu os cumprimentos do mestre de cerimônias. Pegou o microfone em cima da mesa. Fez uma saudação. Iniciou a conferência falando sobre a importância da visão na carreira de um palestrante.

— *Vocês precisam saber onde estão e onde querem chegar.*

Segurando o microfone com a mão direita, falou de uma forma clara e que todos pudessem ouvir:

— *E não é somente isso. É necessário passar uma visão para o seu público.*

Acionou, então, um *slide* com a seguinte frase: *"As pessoas não seguem os palestrantes. Elas seguem a visão deles".*

Edílson Lopes

A plateia ficou imediatamente em silêncio. Todo mundo quieto naquele instante.

Explicou o motivo pelo qual a maioria dos palestrantes não decola suas carreiras:

— *Muitos de vocês acham que, pelo fato de terem conteúdo, terão sucesso na carreira. Isso é uma mentira. Somente conteúdo não os levará a lugar algum. Se vocês querem que as pessoas sigam-nos, é preciso mostrar para elas para onde você quer levá-las com seu conteúdo.*

Apontou o dedo para plateia.

— *Quer que eu o siga?* – a plateia ficou muda — *Para onde você quer me levar?*

O auditório estava completamente calado.

— *Vamos, respondam!* – Jacob falava alto — *Para onde você vai me levar?*

A cada minuto que falava, a plateia anotava mais. Todos estavam atentos.

— *Não basta somente ter conteúdo. É preciso mostrar para onde você quer levar as pessoas. Os maiores palestrantes do mundo fazem isso.*

A palestra durou quarenta e sete minutos. Ao final, Jacob foi aplaudido de pé.

Bruce anotou quase duas folhas. Estava nervoso. Saiu em direção ao elevador.

Entrou no apartamento. Jogou as anotações em cima da escrivaninha. Uma frase estava destacada: "*Somente conteúdo não basta. As pessoas precisam de uma visão*".

Foi até o guarda-roupa, pegou uma única camisa que estava no cabide. Fechou a mala. Desceu apressadamente até a recepção.

— Pode fazer o meu check-out, por favor.

— O senhor ainda tem mais uma diária? – perguntou a atendente.

— Não, não vou pernoitar. Antecipei minha volta. Há um voo agora, a meia noite e quinze, para Nova York.

O relógio marcava quase dez e meia da noite.

Entrou no primeiro táxi que viu em frente ao hotel.

— Por favor, urgentemente para o aeroporto!

O automóvel saiu pela *West Bay Street*. Em menos de quarenta minutos, estacionava em frente ao *Aeroporto Internacional Lynden Pindling*.

O motorista abriu o porta-malas. Retirou a bagagem.

Uma palestra é uma missão

— *Boa viagem, senhor.*

Bruce foi direto para o balcão da companhia aérea. Em menos de vinte minutos, já estava na sala de embarque.

0h37min. de domingo. O avião da *American Airlines* partiu com destino ao *Aeroporto John F. Kennedy* levando a bordo um homem impaciente sentado na poltrona 27C.

...

Uma semana depois.

Um automóvel *Honda* estacionou em frente ao número 457 da *Madison Avenue*.

Bruce ajustou a gravata utilizando o espelho retrovisor. Foi até o parquímetro, colocou duas moedas. Entrou no prédio. Identificou-se na recepção. Subiu direto para o 29º andar.

— *Tenho uma reunião às 10h com o Sr. Emerson.*

— *Naquela sala ali, senhor.* – disse a recepcionista apontando o dedo para uma sala ao lado da recepção.

Um homem vestido de terno e gravata o aguardava.

— *Sente-se aqui do meu lado, Bruce.* – disse o homem puxando uma cadeira.

— *Emerson, agradeço por me conceder um pouco do seu tempo.*

Iniciaram a conversa. Por mais de cinco minutos, Bruce falou sem parar sobre sua carreira. Depois, disse como ficou impactado com a palestra de Jacob Morgan no hotel *Atlantis Paradise Island*, em *Nassau*, nas *Bahamas*.

— *Aprendi que neste negócio devemos sempre falar com quem já chegou lá, por isso estou aqui.* – Bruce arrumou-se na cadeira — *O que significa: as pessoas precisam de uma visão?*

Emerson respondeu imediatamente:

— *Vou lhe mostrar.*

Levantou-se. Foi até um armário. Pegou uma Bíblia.

— *Moisés liderou o povo hebreu por 40 anos no deserto, dizendo que os levaria até a terra prometida. Ninguém tinha certeza de nada, mas confiava na visão de Moisés.*

Bruce ficou quieto. Olhou para a Bíblia de capa preta nas mãos de Emerson.

— *Moisés deixou claro que, se as pessoas o seguissem, ele os levaria até a terra prometida.* – concluiu Emerson.

— Em sua carreira de palestrante, você utilizou essa estratégia também? – perguntou Bruce.

Emerson ficou quieto. Não respondeu. Bruce insistiu:

— Antes de você se tornar um palestrante famoso, usou essa estratégia?

Finalmente respondeu:

— Esta estratégia me tirou da miséria!

— Por quê?

— Você acha que somente conteúdo irá atrair as pessoas, Bruce?

— Não havia pensado nisso. – respondeu Bruce.

—Conheço milhares de palestrantes no mundo que têm muito conteúdo, mas passam fome.

— Então, responda de uma vez por todas, como funciona esse negócio de visão no mundo das palestras?

Emerson lançou um olhar forte para Bruce:

— É onde as pessoas estão e onde você poderá levá-las.

Bruce ficou quieto. Mudo. Não se mexia. Olhou para o relógio. Sentiu um vazio no estômago.

— O que adianta um palestrante ter um conteúdo sensacional se ele não mostrar para as pessoas onde elas podem chegar? – falou Emerson, já incomodado com a conversa.

— Agora entendo porque você é um dos maiores palestrantes de todos os tempos.

Emerson levantou-se.

—Posso lhe fazer uma pergunta antes de você partir?

— Sim! – respondeu Bruce, fazendo um sinal afirmativo com a cabeça.

— Você já sabe para onde quer levar as pessoas?

...

Quase cinco anos depois.

Um helicóptero aterrissou no topo do hotel *JW Marriott*, em *Miami*. Um homem desceu e foi direto para o centro de convenções. Uma multidão de mais de 1.500 pessoas o aguardava.

Ele passou pela sala VIP, ajustou o som, cumprimentou algumas pessoas.

— Posso ir?

— Sim, Bruce. Boa sorte! – respondeu o operador de som.

Naquele momento, as pessoas ficaram em pé. Aplaudiam sem parar. Bruce entrou ovacionado. Suas primeiras palavras "explodiram" o auditório:

Uma palestra é uma missão

— FIQUEM COMIGO! EU OS AJUDAREI A CHEGAR AO TOPO!

****
COMENTÁRIOS DO AUTOR

A pior estratégia que um palestrante pode ter é achar que somente conteúdo irá alavancar sua carreira. Entenda uma coisa:

"Somente CONTEÚDO não basta."

Deixe-me explicar. As pessoas precisam "enxergar" algo além de conteúdo na sua mensagem. Deixe claro para seus seguidores: *"É PARA LÁ QUE VOU TE LEVAR SE UTILIZAR AS MINHAS IDEIAS.".*
Observe, por exemplo, alguns nomes mundiais deste negócio: T Harv Eker (Os Segredos da Mente Milionária), Robert Kiyosaki (Pai Rico, Pai Pobre), Jeffrey Gitomer (A Bíblia de Vendas). Por que as pessoas os seguem? Somente pelo conteúdo? Claro que não! As pessoas os seguem porque eles mostram PARA ONDE QUEREM LEVAR OS SEGUIDORES. T Harv Eker promete revelar como funciona uma mente milionária. Kiyosaki quer nos levar a alcançar nossa independência financeira e Jeffrey Gitomer dá um nome forte às suas ideias: bíblia. E você, para onde quer levar as pessoas? "Coloque seu conteúdo dentro de uma visão."
O que você precisa entender é:

"Mostre para onde você levará as pessoas com os seus ensinamentos."

Preste atenção neste livro que você está lendo agora. Por que você o comprou? Volte à capa dele e leia o subtítulo: AS ESTRATÉGIAS DOS MAIORES PALESTRANTES DO MUNDO. Você está aqui porque eu lhe mostrei para onde eu posso te levar!
****

Capítulo 10
UMA MENSAGEM APENAS

Edílson Lopes

— *É a minha chance!* — falou uma mulher em frente ao espelho do banheiro, no apartamento 415 do hotel *The Plaza,* em *Nova York.*
— *Podemos ir?* – perguntou o marido.
A esposa confirmou:
— *Ok!*
Pegaram o elevador. Desceram até o térreo. Fizeram o *check-out.* Entraram em um táxi.
O automóvel avançou pela *7th Avenue* e entrou na *41st Street.* Em menos de trinta minutos, estacionou em frente ao *Jacob K. Javits Convention Center.*
O casal desceu. Uma multidão de mulheres aguardava a abertura do Centro de Convenções. Entreolharam-se. Partiram direto para a sala VIP.
— *Muito obrigado pela sua presença!* – disse o agente de palestrantes que havia vendido a palestra para o evento. — *Ela é motivo de orgulho para nós!*
Seguiram diretamente para uma cabine no andar acima.
— *Qual é a capacidade?* – perguntou o marido de Sophia olhando para o auditório.
— *Teremos 1.419 pessoas!* – respondeu o agente — *Estará lotado em vinte minutos!*
Os telões já estavam ligados. Cenas do evento do ano anterior eram mostradas nos telões.

Uma palestra é uma missão

Aos poucos, o auditório foi enchendo. Em menos de dez minutos, estava completamente lotado.

Sophia fez os últimos testes de som da cabine. Sentiu seu coração bater mais forte. Viu o auditório completamente lotado. Esfregou as mãos uma na outra. Entrou no palco!

A palestra durou quarenta minutos. Ao final, saiu pela porta lateral e foi direto para o camarim. Outro palestrante subiu ao palco para a segunda palestra do dia.

— *Vou acompanhá-los até o táxi.* – disse o agente de palestrantes.

— *Como fui?* – perguntou Sophia.

— *Acho que poderia ter sido melhor.* – respondeu o agente, apontando o dedo para o táxi que estava na espera.

— *Como assim poderia ter sido melhor?* – perguntou Sophia.

O agente ajeitou seus óculos.

— *Qualquer dia eu lhe explico.* – respondeu, enquanto abria a porta do carro para ela.

"Não é possível!", pensou Sophia entrando no carro. O marido dirigiu-se para o agente. Falou algo confidencial no ouvido dele. Despediram-se.

— *Aeroporto LaGuardia.* – disse o marido para o motorista.

Em menos de quarenta minutos, o casal fazia o *check-in na Canadian Airlines*. Destino, *Toronto*.

O avião tocou o solo do *Aeroporto Internacional Pearson* faltando vinte minutos para as sete horas da noite.

O casal desembarcou. Pegou um ônibus com destino à área de estacionamento. Retiraram o carro. Em quarenta minutos paravam em frente a uma casa de classe média no bairro de *North Riverdale*, em *Toronto*.

— *Ainda não me conformo!* – disse Sophia assim que o marido abriu a porta de entrada da casa — *Como ele pode dizer que eu poderia ter sido melhor na palestra?*

Entraram em casa. Sophia acendeu a luz da sala. Jogou a pasta em cima do sofá. Falava alto.

— *O que ele quis dizer?* – esbravejou ela.

O marido ficou quieto, calado.

...

Manhã do dia seguinte. Sophia se revirava na cama, de um lado para o outro. Levantou-se. Foi até o banheiro, depois desceu as escadas para a sala. Ligou seu computador. Revisou sua palestra de ponta a ponta. Às 7h sacou seu celular, passou uma mensagem.

Em menos de cinco minutos, seu telefone tocou.

— *Se quiser voltar a Nova York essa semana, estou à disposição. Posso perfeitamente explicar porque você poderia ter sido melhor em sua palestra!* – respondeu o agente de palestrantes com um copo de café nas mãos, diretamente do seu apartamento em *Nova York*.

...

Quarta-feira. O restaurante *Balthazar*, em *Manhattan*, estava completamente lotado na hora do almoço. O agente e Sophia almoçavam em uma mesa, logo na entrada, do lado esquerdo.

— *Diga, o que eu tenho que melhorar na minha palestra?* – perguntou ela, apertando com força o guardanapo de pano que estava em sua mão direita.

— *Eu acho que você deve elevar o nível da sua palestra.*

— *Como?*

— *O problema é que você tem vários assuntos dentro da sua apresentação.*

— *E como tem que ser?*

— *Uma boa palestra é aquela que tem um único assunto.* – disse o agente — *Mas o problema não é somente esse.*

— *E qual o outro problema?*

— *Se você continuar assim, sua carreira está fadada ao fracasso.*

— *Por quê?* – perguntou Sophia já nervosa.

— *De repente você começou a anunciar que fala de vários temas, liderança, motivação, gestão e outros.*

Sophia calou-se. Ficou estática.

— *O segredo é ter um único tema. Uma única profecia!*

Ela olhou para o relógio. Eram quase quatro horas da tarde. Estava nervosa.

— *Uma única profecia?*

— *Isso mesmo. Uma única profecia!* – respondeu o agente.

O almoço acabou. Sophia entrou no primeiro táxi disponível. Vinte minutos depois, estava no *Crowne Plaza Hotel*, na *Times Square*. Entrou no apartamento. Ligou para o marido.

— *Dormirei em Nova York hoje.*

Uma palestra é uma missão

...
Dia seguinte. Sophia arrumou sua mala. Desceu, tomou café. Fez o *check-out*. Saiu empurrando sua mala pela *7th Avenue*, depois virou na *50th Street* e caminhou por quatro quadras. Parou em frente à *Catedral Saint Patrick*, na *5th Avenue*.

Entrou. Sentou-se na primeira fila. Ficou quieta por cinco minutos. Levantou-se. Atravessou a rua. Foi direto para o *Rockefeller Center,* em frente à igreja.

Sentou-se no *Rock Center Café*, dentro do complexo. Sacou seu celular. Ligou para o marido.

— *Volto no avião das duas da tarde.*

Fez outra ligação.

— *Quero agradecer o almoço de ontem!*

— *O que decidiu?* – perguntou o agente.

— *Focarei minha carreira em um único tema.* – falou entusiasmada — *Meu foco será em uma única mensagem.*

— *E qual será essa única mensagem?*

— *FAÇA O CORAÇÃO DA SUA EMPRESA BATER MAIS FORTE*!

O agente ficou de pé em sua sala. Olhou para o seu sócio. Fez um sinal afirmativo com o polegar. Sophia continuou:

— *O coração de uma empresa nada mais é do que seus colaboradores. Essa será minha mensagem no mundo das palestras daqui por diante.*

— *Muito bom!*

— *Agradeço por tudo.* – despediu-se Sophia.

O agente colocou lentamente o telefone no gancho. Virou-se para o sócio:

— *GRAÇAS A DEUS CONSEGUIMOS. LIGUE PARA O MARIDO DELA, DIGA QUE O PLANO DEU CERTO. MISSÃO CUMPRIDA!*

****

COMENTÁRIOS DO AUTOR

Este conto complementa a história "O Rei dos Diamantes", por isso gostaria de relembrá-lo da importância de dedicar-se somente a "uma profecia".

Edílson Lopes

Não perca seu tempo tentando falar de tudo. É IMPOSSÍVEL! Não há como tornar-se referência em vários assuntos. Aliás, isso não existe!

Se você está em início de carreira, defina urgentemente qual é a estrada que irá caminhar: VENDAS, LIDERANÇA, MOTIVAÇÃO, ESTRATÉGIAS, etc.

Inúmeros palestrantes poderiam estar em um nível muito melhor, mas não estão. E um dos motivos é que eles "atiram para todos os lados".

Este capítulo é para você MEDITAR dia e noite.

"Muitas vezes é melhor termos apenas um caminho a seguir, ao invés de dois."

****

Capítulo 11

O PALESTRANTE QUE NÃO COBRAVA CACHÊ

Edílson Lopes

— Qual o cachê que ele irá cobrar?
— O valor dos honorários é de U$ 20 mil dólares. – respondeu uma voz feminina do outro lado da linha —*E já lhe adianto que não há desconto.*

O homem ficou mudo. Escreveu o valor em uma folha de papel que estava em cima da sua mesa.

— *Este é o valor?* – perguntou assustado.
— *Isso mesmo! O senhor tem alguma verba?* – insistiu a mulher.
— *Não temos nenhuma verba.* – falou Jim —*Queremos trazer Harvey sem custo para nossa convenção.*
— *Impossível. Harvey não faz palestras sem cachê.*

O homem agradeceu. Desligou o telefone. Levantou-se, caminhou até a janela do escritório. Viu as luzes acesas de *Manhattan*. Voltou para a mesa. Pegou o telefone.

— *A secretária dele me pediu U$ 20 mil dólares pela palestra.* – falou para o sócio — *Eu já adiantei que não temos condições de pagar este valor.*
— *Entendi, Jim. E o que faremos agora?*
— *Não sei.*
— *Vá até Chicago pessoalmente. Tente falar com ele.* – disse o sócio.
...

Manhã do dia seguinte. Um automóvel parou em frente ao aeroporto *LaGuardia*. Jim desceu somente com uma pasta nas mãos. Passou pelo raio-x, sacou seu celular:

Uma palestra é uma missão

— Estou indo para Chicago. Vou até o escritório de Harvey. Tentarei trazê-lo para nossa convenção sem pagar honorários.
— Será uma missão difícil. – respondeu o sócio do outro lado da linha.

Três horas depois, Jim estava a bordo de um táxi na *Michigan Avenue*. O automóvel parou em frente ao número 459. Jim desceu, identificou-se e foi direto para o 3º andar.

— Sente-se, Sr. Jim.

Durante a conversa, Jim argumentou que não tinha dinheiro para o pagamento dos honorários da palestra.

— *Eu já havia lhe explicado pelo telefone, lembra-se?*
— Sim, mas eu posso falar com ele?
— *Ele está em viagem.*
— E quando voltará?
— *Somente na segunda.*
— Tenho que resolver, pois o nosso evento é na terça.
— Sr. Jim, preciso deixar algo claro para o senhor. – falou a secretária, já levantando a voz — *Raramente ele faz palestras sem cobrar honorários.*

Jim ficou calado em frente à mulher.

— *Se eu fosse o senhor, procuraria outro palestrante para sua convenção.*
— Está falando sério?
— *Claro que sim.*
— Agradeço, mas não desistirei.

Despediram-se. Jim entrou no primeiro táxi.

— Aeroporto, por favor.

Depois de cinco minutos, ligou para o sócio:

— *Conseguiu?* – perguntou o sócio do outro lado da linha.
— Nada!
— *E agora?*
— Deixe-me pensar.

O táxi parou em frente ao portão principal do *Aeroporto Internacional Midway*.

Jim desceu rapidamente. Passou pelo raio-x. Parou imediatamente em um café. Viu do outro lado uma banca de revistas.

Levantou-se. Seguiu em direção à banca. Uma revista de negócios lhe chamou a atenção com uma manchete na capa: "Os segredos dos maiores negociadores do mundo".

Edílson Lopes

— *Aquela revista, por favor.*

Comprou imediatamente. Foi direto para a matéria de capa. Uma entrevista com um dos maiores especialistas em negociação dos *Estados Unidos*.

Começou a ler atentamente a entrevista. Uma pergunta do repórter ao negociador lhe chamou a atenção:

"Qual o melhor caminho para negociarmos com quem não conhecemos?".

"Há várias formas, mas há uma que pode ser favorável em qualquer tipo de negociação."

"E qual é?"

"Se você tem algum amigo que é amigo do oponente, então você terá pelo menos 50% do caminho já percorrido. Coloque este amigo para negociar para você."

Jim fechou imediatamente a revista. Ligou para o sócio:

— *Temos algum conhecido que seja amigo do palestrante Harvey?*

— *Preciso pensar.*

— *Então, pense e retorne urgentemente.*

Jim desligou. Foi para fila de embarque. Dois minutos depois, seu telefone tocou:

— *Lembrei!* – falou entusiasmado o sócio — *O palestrante que contratamos no ano passado é amigo dele.*

— *Perfeito, vou ligar agora.*

Ele saiu da fila de embarque. Ligou imediatamente para o palestrante do ano anterior. Conversaram durante quinze minutos.

— *Faça isso por nós.* – pediu Jim — *Já estou embarcando. Precisamos de Harvey sem custo.*

Já na poltrona do avião, Jim recebeu uma mensagem em seu telefone: "Tudo certo, ele irá sem custo.".

...

Nova York, terça-feira, 20 de outubro de 2009. Duzentas e dezessete pessoas acomodavam-se em uma sala no hotel *Crowne Plaza* na *Broadway*.

Jim e seu sócio esperaram Harvey na entrada do hotel. Cumprimentaram-no e foram direto para a sala VIP.

— *Eu gostaria de falar reservadamente com Jim.* – falou Harvey.

Uma palestra é uma missão

As pessoas saíram da sala. Conversaram por dez minutos. Jim saiu apavorado. Chamou seu sócio em particular:
— Preciso falar com você urgentemente. Aconteceu uma catástrofe.
— O que foi?
— Harvey não fará a palestra a menos que lhe entreguemos U$ 10 mil dólares em dinheiro agora.
— Não acredito!
—Isso mesmo, sem dinheiro não haverá palestra.
O sócio ficou desesperado.
— Mas ele não havia dito que viria sem honorários?
— Não sei o que aconteceu.
— Como arrumaremos U$ 10 mil dólares agora?
O desespero tomou conta dos dois.
— Vá até o banco! – falou o sócio para Jim — Fale urgente com o nosso gerente.
— Sim, mas o dinheiro que está lá é para a folha de pagamento de amanhã.
— Não interessa, Jim. Faça o saque e venha com o dinheiro.
Jim saiu em direção ao banco. Em menos de 30 minutos, voltou com dois pacotes de U$ 5 mil dólares, totalizando U$ 10 mil dólares.
— Entregue a ele, Jim. Peça para dar a palestra e sumir daqui urgentemente.
Jim entregou o dinheiro na sala VIP para Harvey. O mesmo colocou um pacote em cada bolso.
— Agora sim, posso dar a palestra.
Subiu ao palco. Sua palestra durou uma hora e cinco minutos. Ao final, foi aplaudido de pé. Todos ficaram entusiasmados. As pessoas não deixavam a sala. Queriam autógrafos e fotos.
Os funcionários cumprimentaram Jim e o sócio.
— Fantástico! Ótima escolha!
Harvey, sorridente, atendeu a todos. Depois, caminhou em direção a Jim:
— Chame seu sócio. Vamos para a sala VIP, quero falar com vocês antes de ir embora.
Entraram na sala VIP.
— Senhores, quero agradecer pela oportunidade que me deram. – falou Harvey — Inclusive quero devolver os U$ 10 mil dólares.
Colocou os dois pacotes de U$ 5 mil dólares em cima da mesa.
— Desculpe, não entendi. – falou Jim — Você não pediu este dinheiro como honorários?

Edílson Lopes

— De forma alguma, é de vocês.
— Como assim? Quase nos matamos para arrumar este dinheiro!
— Eu sei, mas não poderia falar o motivo pelo qual pedi os U$ 10 mil dólares.
— E qual seria o motivo?
— Aprendi uma estratégia com um dos maiores treinadores de palestrantes do mundo.
— Qual?
— Nunca dê uma palestra com o bolso vazio.
Jim e seu sócio se entreolharam.
— A minha palestra não teria sido tão boa se eu subisse naquele palco com os bolsos vazios!
Os homens não acreditavam no que estavam ouvindo.
Harvey concluiu:
— Isso se chama autoconfiança. Mesmo que o contratante não vá me pagar nada, eu ainda coloco um dinheiro no meu bolso. Com dinheiro no bolso a minha performance é muito melhor. Ademais, agora, tenho que ir. MUITO OBRIGADO E UM ABRAÇO!

****

COMENTÁRIOS DO AUTOR

Esta história que você acabou de ler foi adaptada de uma que ouvi do Eduardo Levinzon. A história acima mostrou claramente que o palestrante precisava ter dinheiro no bolso para sua elevar sua AUTOCONFIANÇA.

Alguns palestrantes precisam de *slides*, outros precisam de microfone sem fio, outros necessitam de um copo de água e alguns de *flip chart*. E você, o que te deixa FORTE? O que lhe dá AUTOCONFIANÇA para que sua palestra aconteça de forma segura?

Conheço um palestrante que precisa comer antes de se apresentar. Se ele não comer, seu desempenho não é o mesmo. Alguns precisam se isolar, outros necessitam falar, e assim vai. Descubra o seu PONTO DE APOIO. Algo que o deixa forte.

"Não abra mão do seu PONTO DE APOIO antes do SHOW!"

****

Capítulo 12

O TESOURO ESCONDIDO

Edílson Lopes

O homem mostrou sua passagem na entrada do ônibus.
— *Nova York?*
— *Sim.*
— *Ok, pode subir.* – falou o cobrador.

O homem entrou no ônibus. Acomodou-se na poltrona 17A. Olhou para o relógio da *IND Airport*: 20h30min.

Onze horas depois, desembarcou no *Grand Central Terminal,* bem no centro de *Manhattan*.

Desceu do ônibus com uma pasta nas mãos. Verificou o relógio: 7h35min. Subiu as escadas do terminal. Saiu pela calçada na *Lexington Avenue*. Entrou em outro ônibus. Quase quinze minutos depois, desceu em um ponto no *Central Park*. Caminhou por dois minutos e entrou no *The Plaza Hotel*. Foi direto para o setor de eventos.

— *Por favor, qual o valor da inscrição para o evento?* – perguntou para uma pessoa no credenciamento.

— *Sinto muito, senhor, está esgotado.* – respondeu gentilmente a recepcionista.

— *Como assim?*

— *Isso mesmo, senhor. Esse evento é somente para 50 pessoas. Está esgotado há mais de trinta dias.*

— *Está falando sério?*

— *Por que eu brincaria com o senhor?*

— *Viajei oito horas de ônibus. Como faço agora?*

Uma palestra é uma missão

A recepcionista ficou quieta. Balançou a cabeça negativamente.
— *É possível conseguir uma inscrição de última hora?* – insistiu ele.
— *Não seria justo com os outros que não conseguiram.* – respondeu ela friamente — *Por que o senhor não fez a reserva antes?*
— *Só consegui arranjar o dinheiro nessa semana.*
— *Sinto muito.* – respondeu ela.
A recepcionista baixou os olhos e continuou seu trabalho.
O homem foi para a recepção do hotel. Sentou-se em uma poltrona do *american bar*. Estava nervoso. Passou as mãos nos olhos. Olhou o relógio: 08h45min. "*O que vou fazer?*", pensou.
Sua boca estava seca. O estômago já anunciava fome. Sacou sua carteira. Contou os poucos dólares que trouxera na viagem. Verificou o horário de volta para sua cidade: 20h45min.
Trinta minutos depois, voltou para a sala de eventos.
— *Já falei que não há vagas. Estamos proibidos de vender inscrições.* – disse a recepcionista de uma forma ríspida.
Ele se sentou em uma poltrona bem em frente à entrada do salão.
— *Posso ficar aqui sentado?* – perguntou para a recepcionista.
Ela deu os ombros.
Vinte minutos depois, uma elegante senhora, aparentando cinquenta anos, aproximou-se dele:
— *O senhor precisa de alguma coisa?*
Ele contou a história. Disse que veio de Indianápolis somente para o evento.
— *Viajei oito horas para assistir a este evento.*
— *E por que não comprou a inscrição antes?* – perguntou a senhora.
— *Porque eu não tinha dinheiro.* – disse ele — *Se tivesse dinheiro, já teria comprado, pois meu sonho é conhecer as estratégias de Mark Mayer, que para mim é o maior treinador de palestrantes do mundo!*
— *Qual é o nome do senhor?*
— *Tom Lewis.*
— *Espere aqui, Tom. Já volto.*
Ela retornou em menos de dois minutos.
— *Não conseguiremos. Não é justo com quem havia feito a reserva anteriormente. Sinto muito.*
Um forte desânimo abateu-se sobre ele.

— A senhora tem certeza?

— Sim, Sr. Tom. Infelizmente.

— Mas posso ficar aqui e tentar falar com ele no intervalo do evento?

— Não sei se ele lhe dará atenção, mas a decisão é sua.

Ela, então, retornou para dentro do salão.

Quase duas horas depois, a porta do auditório foi aberta. Os participantes saíram para o almoço. As pessoas comentavam o quanto estava sendo bom o evento.

Tom levantou-se. Foi até a porta do salão. Viu Mark Mayer lá no fundo. Caminhou em direção a ele.

— Mark, permita-me apresentar-me. — estendeu as mãos.

— Olá! Como posso ajudá-lo?

— É possível assistir pelo menos a parte da tarde do seu evento?

Mark ficou quieto. Olhou para a senhora que o acompanhava.

— Sinto não poder atendê-lo. Não há como colocá-lo para dentro do evento.

— Posso, então, acompanhar pelo menos os últimos cinco minutos do seminário?

— Não será possível. — respondeu Mark Mayer.

Tom agradeceu. Abaixou a cabeça, retirou-se do salão.

Saiu do hotel. Caminhou pela *58th Street*. Entrou em uma *Starbucks*. O relógio marcava quase quatro horas da tarde. Conferiu novamente o horário da sua passagem de volta: 20h45min.

— Um café, por favor. — pediu desanimado.

Tomou o café. Pagou a conta. Saiu na calçada. Olhou para o hotel do lado direito. *"Volto para o hotel ou vou para a rodoviária?"*, pensou. Estava desesperado. Uma indecisão tomava conta da sua mente.

Saiu apressadamente da cafeteria. Uma força o empurrou novamente para o hotel. Foi direto para a sala de eventos.

Sentou-se novamente de frente para o auditório.

Às 19h30min as portas foram abertas. As pessoas saíam e agradeciam a equipe de Mark Mayer.

Tom entrou rapidamente. Foi direto para o palco. Mark estava cercado de pessoas. Aguardou até que a última pessoa saísse da sala.

— Podemos falar dois minutos?

— Venha para o canto do palco. — pediu Mark — *Aqui é melhor para falarmos.*

Uma palestra é uma missão

Caminharam para o fundo do auditório.
— Como posso ajudá-lo?
— Quero decolar a minha carreira. Meu sonho é dar palestras nos Estados Unidos inteiro.
Mark ficou quieto. Esboçou um sorriso. Fechou seu notebook. Pegou seu paletó.
— Quer que eu seja sincero contigo?
— Com certeza.
— Sabe qual é uma das primeiras causas do fracasso dos palestrantes que estão em início de carreira?
— Qual?
— Querer dar palestras por todo o país.
— Não entendi?
— Esse é o passo número um para o fracasso.
Tom ficou quieto. Não disse nada. Abaixou a cabeça.
Mark lançou um olhar forte para cima de Tom:
— Me tire uma dúvida, quantos cursos de palestrantes você já fez?
— Já fiz vários. Só não fiz o seu.
— E quanto você já investiu na sua carreira?
— Praticamente todas as minhas economias.
— Quanto?
— Acho que uns U$ 20 mil dólares.
— E nunca lhe disseram que a pior estratégia para um palestrante é pensar em dar palestras por todo o país?
— Não, nunca ouvi. Aliás, todos nos incentivaram a dar palestras por todo o país.
Mark tomou um pouco de água:
— Por que você quer viajar por todo Estados Unidos?
— Acredito que posso contribuir com empresas de todo o país.
Mark colocou sua mão no ombro de Galindo.
— Você já leu a história do Dr. Russell Conwell, "Uma fortuna ao seu alcance"?
— Sim, já li.
— E qual é a lição desta história?
— Que o tesouro está onde nós estamos.
— Então, por que você não usa essa estratégia para decolar a sua carreira?

— Como assim?
— Quantas palestras você deu na sua cidade no último ano?
— Acho que umas três ou quatro.
— Pois é, esse é o motivo do seu fracasso.

Mark, então, complementou:

— Há um mercado milionário nas cidades onde os palestrantes vivem. Eles têm que começar ali. Eles têm que se fortalecer ali e depois pensar em voos maiores. O tesouro está na sua cidade. Debaixo dos seus pés. Atue lá primeiro, depois você pode pensar em voos maiores.

Tom concordou acenando a cabeça positivamente.

— Volte para sua cidade. Foque nela. Foque nas empresas da sua comunidade. Ache primeiro o seu tesouro lá, aí sim, você pode vislumbrar o mundo. Caso contrário, você irá fracassar.

Tom parecia desacordado.

— Vou lhe dar um presente. – Mark colocou a mão no bolso do paletó — É um presente simples para você não se esquecer desse ensinamento.

Mark colocou uma pequena réplica de um pote de ouro nas mãos de Tom.

— Sempre deixo esta pequena lembrança no final do meu curso, para que os alunos se lembrem de que o tesouro está onde ele está.

Tom examinou a réplica.

— Não me esquecerei deste presente!
— ISSO MESMO, O TESOURO ESTÁ ONDE VOCÊ ESTÁ!

****

COMENTÁRIOS DO AUTOR

Não existe laboratório melhor para este negócio do que sua cidade, sua comunidade e seu *networking*. Acredite:

"O TESOURO está onde você ESTÁ."

Comece por aí. Não queira abraçar o mundo logo de cara. É uma estratégia errada para quem quer iniciar no mundo das palestras.

Dê suas primeiras palestras dentro da empresa em que trabalha. Reúna os amigos da igreja que frequenta. Pratique sua oratória na

Uma palestra é uma missão

sua cidade, na sua comunidade. Peça críticas e avaliações da sua performance para as pessoas que o rodeiam.

Certa vez ouvi de um grande palestrante: *"O que ajudou minha carreira foi pensar pequeno para me tornar grande. Comecei na minha cidade. Ali, eu lutei, apanhei e chorei. Mas, foi um laboratório que me levou ao sucesso.".*

"PENSAR PEQUENO, em muitas ocasiões, significa PENSAR GRANDE."

Não se esqueça: O TESOURO ESTÁ ONDE VOCÊ ESTÁ.
****

Capítulo 13
OS TALENTOS

Edílson Lopes

O suntuoso auditório do hotel *Gran Meliá Palacio*, em *Madrid*, estava completamente lotado em um sábado de manhã.

Um homem saiu da sala VIP dos palestrantes com um microfone nas mãos. Dirigiu-se para o lado direito do palco. Testou o controle dos *slides*. Dois minutos depois, o mestre de cerimônias anunciou o seu nome:

— Senhoras e senhores, recebam agora no palco, Raul Gonzalez!

A palestra durou quarenta minutos. Terminou cinco minutos antes do esperado. Um intervalo para o *coffee break* foi anunciado pelo mestre de cerimônias.

Raul dirigiu-se para a área do *coffee*. Tirou fotos e autografou vários dos seus livros. Aos poucos, as pessoas voltaram para o auditório.

— *Vamos, filho.* – falou para um jovem, aparentando vinte anos, que o acompanhava.

O jovem colocou em uma caixa os exemplares que sobraram. Dirigiram-se para o estacionamento. Entraram em um reluzente *Audi A4* preto.

— *Pronto, pai, agora podemos ir.* – disse o filho depois de guardar a caixa no porta-malas.

Raul manobrou o carro, aproximou-se da saída do estacionamento. Seu telefone tocou:

— *Você ainda está no auditório?* – perguntou uma voz do outro lado da linha.

— *Estou no estacionamento, já saindo. Por quê?*

Uma palestra é uma missão

— *Pode me esperar?*

Raul desligou o carro. Desceu. Encostou-se na porta. Em menos de cinco minutos, um homem chegou. Começaram a conversar.

— *Sinto muito, Raul, mas não vamos mais agenci*á-lo.

— *Como é que é?* – perguntou Raul assustado.

— *O número de cotações das suas palestras caiu muito. Já não compensa mais para nós.*

Raul ficou mudo. Deu um suspiro. Olhou para o homem.

— *É isso mesmo?*

— *Vamos focar em outros palestrantes.*

— *Não podemos esperar mais um tempo?* – perguntou Raul.

— *Não, não dá. Temos outros palestrantes para cuidar.*

Raul despediu-se sem apertar as mãos. Entrou no carro. Saiu acelerando pela *Gran Via*. Seu filho acompanhou tudo calado.

Quarenta minutos depois, o *Audi* estacionava em frente a um conjunto de prédios de três andares no bairro *Salamanca*.

— *Retire as coisas do carro.* – disse para o filho.

Subiu os três lances de escada. Abriu imediatamente a porta. Sua esposa estava na sala. Entrou e foi direto para o quarto.

...

Uma semana depois.

O *Audi A4* estacionou em frente ao restaurante *El Amparo*, bem no centro de *Madrid*, faltando cinco minutos para às sete horas da noite. Raul entrou e foi direto para uma mesa no fundo. Uma pessoa o aguardava.

Depois de cinco minutos de conversa:

— *Onde errei?* – perguntou Raul para o homem com quem havia conversado no estacionamento.

— *Você parou de trabalhar os seus talentos!*

— *Como assim?*

O homem fixou seus olhos diretamente nos de Raul:

— *Você não acha que está muito focado em redes sociais?*

— *Mas todo mundo está! Eu não posso estar?*

— *Você pode e deve. O que quero dizer é que nem por isso você tem que parar de fazer aquilo que você fazia de melhor.*

— *E o que é?*

— *Escrever livros!* – respondeu o homem. — *Há quanto tempo você não escreve um novo livro?*

— *Acho que uns quatro anos!*
— *Este é o problema! Você parou de trabalhar os seus talentos!* – disse o homem nervoso.

O rosto de Raul mostrava preocupação.

— *Quando você escrevia livros, tínhamos em média doze consultas por mês. Hoje em dia não temos nem metade disso. Vá a qualquer livraria aqui em Madrid, não há um único exemplar do seu livro para vender.*
— *Concorda que eu precisava estar presente nas redes sociais?*
— *Eu não sou contra você estar presente nas redes sociais.* – o homem já falava em voz alta. — *O que não pode é você achar que redes sociais são o único caminho para decolar a sua carreira.*

Raul estava calado. Completamente mudo.

— *Onde você acha que é mais forte: escrevendo livros ou gravando vídeos?*
— *Escrevendo livros!*
— *Com certeza!* – o homem já estava impaciente. — *Então, por que não volta a trabalhar os seus talentos ao invés de trabalhar as suas fraquezas?*

Raul, não moveu os lábios.

— *Quer saber por que muitos palestrantes fracassam?*
— *Sim!* – respondeu Raul.
— *Porque colocam suas forças onde são fracos.*

...

Quase dois anos depois.

Raul ajustou o nó da gravata. Vestiu o paletó. Olhou para o relógio, eram quase seis horas da tarde. A mulher e o filho o aguardavam no carro. Saíram em direção ao hotel *Gran Meliá Palacio*. Chegaram em quarenta minutos.

— *Por favor, senhor, deixe a chave no contato.* – disse o segurança.

Caminharam apressadamente para o auditório. Quase trezentas pessoas estavam no coquetel.

Um *banner* na porta do auditório anunciava o motivo do evento naquela noite: "LANÇAMENTO DO LIVRO 'VENDENDO ATRAVÉS DOS SEUS TALENTOS'. Autor: Raul Gonzalez".

Um homem com um copo nas mãos acompanhava, ao lado da escada rolante, todo aquele movimento. Um jovem aproximou-se.

— *Obrigado por ter nos ajudado.*
— *Não precisa agradecer.* – respondeu o homem.

Uma palestra é uma missão

— Ainda bem que meu pai seguiu os seus conselhos. — falou o jovem apontando para a mesa abarrotada de livros.
— Ele entendeu que o mundo pagará somente os palestrantes que trabalharem seus TALENTOS!

****
COMENTÁRIOS DO AUTOR

Certa vez, enquanto assistia a uma palestra do John Maxwell, ele falou algo que mudou completamente a minha mente sobre desempenho de pessoas:

"TRABALHE os seus TALENTOS e não suas FRAQUEZAS."

É incrível como muitos palestrantes fazem o inverso, ou seja, tentam trabalhar naquilo que são fracos e não no que são FORTES.

Tempos atrás, um renomado palestrante procurou-me se queixando da queda de seu número de palestras. Depois de dez minutos de conversa, achamos o problema: ele havia focado todas as suas ENERGIAS em REDES SOCIAIS e deixou de fazer aquilo que melhor sabia fazer, que era ESCREVER LIVROS. Enquanto escrevia livros, seu nome estava mais forte, recebia pedidos de palestras. Mas, depois que parou de escrever, o número de palestras caiu assustadoramente.

Esse palestrante simplesmente ACHOU que a carreira iria DECOLAR se investisse tudo em produção de vídeos para redes sociais. Além de perder muito dinheiro, descobriu algo que doeu muito: *"Não tenho vocação para fazer vídeos"*, desabafou.

Não estou dizendo para você não colocar vídeos em redes sociais. O que estou dizendo é para você NÃO APOSTAR TUDO onde você é fraco.

"Concentre suas FORÇAS onde você é FORTE, não onde você é FRACO!"

****

Capítulo 14
O AVIÃO

Edílson Lopes

O telefone da suíte 719 do luxuoso hotel *Park Hyatt*, em *Chicago*, tocou às sete horas e cinco minutos da manhã de um sábado.
— Alô? – atendeu o hóspede.
— Gardner?
— Sim, é ele!
— Queria avisar que o tempo da sua palestra terá que ser reduzido. – disse uma voz masculina do outro lado da linha.
— Como assim?
— Seu tempo será de 40 minutos.
— Está falando sério?
— Nosso presidente precisará falar por pelo menos 45 minutos.
— Por que não me avisaram antes?
— Sinto muito. – despediu-se e desligou o homem.
Gardner ficou tenso. Levantou-se. Sentou na cadeira ao lado da cama. Tirou o fone do gancho. Ligou para o apto 613.
— O tempo da minha palestra foi reduzido!
— O que aconteceu? – perguntou uma voz feminina do outro lado da linha.
— Disseram que o presidente terá que falar e por isso minha fala foi reduzida pela metade. E agora?
—Você consegue fazer isso? O evento será daqui a pouco.
— Vou ter que mexer na minha palestra toda. – falou Gardner.
— Faz o seguinte, me encontre daqui a cinco minutos no auditório. – falou sua assistente.

Uma palestra é uma missão

Em menos de três minutos, Gardner estava no *lobby*. Caminhou apressadamente pelo corredor de mármore do luxuoso hotel. No final, subiu uma escada com tapetes vermelhos.

— *O que eu faço agora?* – perguntou para sua assistente que já o aguardava na entrada da sala VIP do auditório.

— *Espere um pouco.* – disse ela — *Vamos aguardar o diretor chegar.*

Cinco minutos depois, o diretor chegou. Explicou sobre a fala do presidente.

— *Realmente você terá que diminuir o seu tempo para o nosso presidente falar.*

— *Terei que cortar metade da minha apresentação!* – exclamou Gardner.

— *Isso mesmo.* – disse o diretor.

— *Mas eu preciso de pelo menos uma hora e meia!*

— *Qual é o problema de você falar em 45 minutos?* – perguntou nervoso o diretor.

Gardner ficou quieto.

— *Para ser sincero, os melhores palestrantes que já contratamos foram aqueles que suas palestras duraram em torno de 40 a 50 minutos.* – falou o diretor olhando bem nos olhos de Gardner — *Tempo para um palestrante não é sinônimo de boa palestra, concorda?*

Gardner e sua assistente não responderam nada.

— *Gardner, você precisa subir para se preparar.* – falou a assistente.

Os dois saíram apressadamente em direção aos elevadores.

— *Nos encontramos na sala VIP. Leve as malas, de lá sairemos direto para o aeroporto.* – disse Gardner.

Assim que entrou no apartamento, Gardner abriu sua pasta. Retirou um caderno. Começou a passar as páginas. Quase no meio, parou: "Regras para uma palestra de alto impacto em 30 minutos".

Leu uma das regras:

"Após escolher o tema de sua palestra, selecione três desafios que as pessoas têm em relação a esse assunto. Depois, explore as lutas que elas têm para superar esses desafios. Por último, mostre as soluções para esses desafios e encerre a palestra com uma reflexão sobre o tema".

Fechou o caderno.

Olhou desesperado para o relógio, que marcava 08h33min. Desligou o computador. Vestiu o paletó. Fechou a mala. Saiu em direção aos elevadores. Quase cinco minutos depois, estava na sala VIP do auditório.

Edílson Lopes

— *Fez os ajustes na sua palestra?* – perguntou a assistente.
— *Sim, está tudo certo.*
— *Que tipo de ajustes você fez?*
Gardner ficou quieto. Não respondeu.
Naquele instante, o operador de som entrou na sala VIP:
— *Dê-me o seu computador. Vou testá-lo. O presidente já vai terminar. O senhor entrará em seguida.*

A palestra começou às nove e quarenta. Gardner seguiu exatamente o planejado. Ao final, foi aplaudido de pé! Tempo de duração da palestra: 35 minutos.

— *Parabéns! Sua palestra durou 35 minutos, cinco minutos a menos do que havíamos planejado.* – disse o diretor da empresa.

Despediram-se. Gardner e sua assistente saíram rapidamente do hotel. Pegaram o primeiro táxi. Por conta da fala do diretor, já estavam atrasados para o voo de volta.

— *Aeroporto, por favor. O mais rápido que puder.*

O táxi partiu em direção ao *Aeroporto Internacional Midway*.

— *O que achou?* – perguntou Gardner afrouxando o nó da gravata.
— *Posso ser sincera?*
— *Claro!*
— *Hoje eu entendi claramente porque muitos palestrantes fracassam em palco.*
— *Como assim?*
— *Muitos querem mais tempo.* – disse a assistente apontando para o relógio — *Tempo, nesse negócio, pode trabalhar contra.*

Ela ainda complementou:
— *A "prova viva" foi você no dia de hoje. Sua palestra ficou muito mais impactante com menos tempo de duração.*
— *Você acha?*
— *Eu não acho. Tenho certeza! Um bom roteiro e um tempo de, no máximo, 60 minutos, é perfeito para uma palestra.* – complementou a assistente.

O táxi parou às 10h50min. em frente ao *check-in* da American Airlines. Desceram rapidamente. Correram para o balcão.

— *Sinto muito, o embarque para esse voo já foi encerrado.* – disse a atendente — *Posso encaixá-los somente no voo da noite.*

Uma palestra é uma missão

Ficaram desesperados.
— *Por favor, faça o máximo possível. Vá falar com o seu chefe.*
Dois minutos depois a atendente retorna.
— *Não será mesmo possível. A porta da aeronave do voo 383 já foi fechada.*
— *Culpa do presidente da empresa. Ele atrasou o evento com a palestra dele. Se ele não tivesse falado, não teríamos perdido o avião.* – disse Gardner.
— *Vamos retornar para o hotel, pois o próximo voo será somente à noite.* – falou a assistente.
Pararam o primeiro táxi.
— *Por favor, hotel Park Hyatt.* – falou Gardner.
O automóvel iniciou o contorno junto à pista do aeroporto:
— *Estão vendo aquilo?* – perguntou assustado o motorista.
— *Parece que um avião da American Airlines está pegando fogo!* – disse a assistente.
Os três olhavam chocados em direção à aeronave. O lado direito do avião estava em chamas. Uma nuvem negra era possível ser vista de longe. Os passageiros desciam desesperados pelos colchões acionados junto às portas.
Gardner e sua assistente entreolharam-se. Ficaram quietos. Estavam assustados.
— *Tivemos duas vitórias no dia de hoje.* – falou depois de alguns segundos de silêncio.
— *Quais?*
— *A primeira é que aprendi que é possível fazer uma ótima palestra em menos de uma hora.*
— *E a outra?* – perguntou a assistente.
— NASCEMOS DE NOVO!

****

COMENTÁRIOS DO AUTOR

Algumas pessoas, quando andam na rua, não se preocupam em verificar se há algum buraco que possam pisar e cair. Muitas caem justamente pelo descuido em relação a isso. Assim é o tempo de uma palestra. Alguns palestrantes pedem para falar, no mínimo, 1h30m, e aí tropeçam e caem em um enorme BURACO.

Edílson Lopes

"Quanto maior o tempo da sua palestra, maior será o seu risco."

Pouquíssimos palestrantes conseguem segurar uma plateia por muito TEMPO. Portanto, aviso: se você está dentro deste número, parabéns. Se não estiver, leia e releia este capítulo quantas vezes forem NECESSÁRIAS.

Tempo não é sinônimo de PALESTRA boa.

"Uma boa palestra é definida, principalmente, pelo seu roteiro e pelo intérprete deste roteiro."

Ajuste sua apresentação para 45 minutos. Caso o contratante queira uma hora de palestra, tudo bem, isso é ótimo! O problema é quando o palestrante exige 1h30min., e não o contratante.

Comece a adequar sua palestra AGORA mesmo. Retire urgentemente aquilo que não ENVOLVE a plateia e deixe somente aquilo que a ENCANTA.

****

Capítulo 15
GOLPE DE MESTRE

Edílson Lopes

Nova York, julho de 2015. Um avião da *American Airlines* aterrissou às 19h15min. no *Aeroporto Internacional John F. Kennedy*, procedente de *São Francisco*, na *Califórnia*. Um homem, aparentando 50 anos, vestido de terno preto, camisa azul e uma pasta nas mãos desembarcou da classe executiva. Passou pelo portão de desembarque e seguiu rumo ao saguão do aeroporto.

No caminho, uma moça muito bonita, morena, alta, cabelos lisos e pretos, usando uma roupa escura e óculos de grau, aproximou-se dele:

— *Sam, estava preocupada!* – disse ela
— *Desculpe, o voo atrasou muito.*
— *Será que vamos chegar atrasados ao evento?*
— *Que horas é a minha palestra?*
— *Às 21h30min.*

Os dois entreolharam-se.

— *Temos em torno de 40 minutos para chegar ao hotel do evento a tempo de você se preparar.* – falou a moça.
— *Venha comigo.*

Caminharam apressadamente pelo saguão do aeroporto. Desceram dois lances de escada em direção à saída. Atravessaram a rua. Seguiram em direção ao escritório da *Helicopter Flight Services*.

— *Por favor, necessitamos de um helicóptero o mais rápido possível.*
— *Qual o destino, senhor?*
— *Manhattan. Hotel The Plaza.*

Uma palestra é uma missão

O helicóptero modelo *Bell 525* decolou às 20h03min. do aeroporto *JFK* com destino ao hotel *The Plaza*.

Quinze minutos depois, Sam e Jessyca desciam rapidamente da aeronave no heliponto no topo do hotel.

Tomaram o elevador da cobertura. Em menos de um minuto já estavam no *lobby*.

Caminharam apressadamente pelo piso de mármore em direção à área de eventos.

— Por favor, onde está acontecendo o World Sales Global? – perguntou Sam para uma elegante recepcionista.

— No Grand Ballroom. – disse a moça — É no final desse corredor.

O promotor do evento os recebeu na entrada do auditório.

— Achei que vocês não conseguiriam chegar a tempo da palestra.

— Desculpe o atraso, John. Minha palestra será daqui a quanto tempo? – perguntou Sam.

— Em uma hora – respondeu John —Vamos para a sala VIP.

Caminharam até a sala no fundo do auditório.

— Sam, só preciso dizer algo sobre a sua palestra. – disse o homem.

— O que é?

— Seu tema não será mais o mesmo.

— Como assim? – perguntou espantado Sam.

— Resolvemos trocar o seu tema, pois outro palestrante já falou sobre liderança.

— Espere! – falou assustado Sam — Vou entrar daqui a pouco e você me pede para trocar de tema?

— Compreendo, mas outro palestrante já falou sobre liderança. Não seria conveniente você falar do mesmo tema. Sinto muito por ter causado tudo isso.

Sam ficou em silêncio. Espiou pela cortina que separava a sala VIP do auditório. Viu os 1.500 participantes na plateia.

— John, então posso falar do mesmo tema, porém com outro enfoque? – perguntou Sam ao promotor do evento.

— Como assim?

— Falarei sobre liderança, porém, será uma palestra diferente daquela que você conhece.

— Você tem outra palestra do mesmo tema, é isso?

Edílson Lopes

— Sim!

— Que eu saiba, a maioria dos palestrantes tem apenas uma palestra relacionada a um tema, não é?

— Eu não sou refém de uma única palestra. Eu domino o tema liderança e, por isso, tenho várias palestras sobre o tema.

Imediatamente Sam sacou um *pen drive* e gravou a palestra.

— Pode levar para o operador de som. – falou para John.

O mestre de cerimônias anunciou Sam. As pessoas o aplaudiram com entusiasmo. Ele entrou emocionado. Agradeceu a todos. Começou a conferência às 09h15min.

Durante sua apresentação, elevou a cabeça dos líderes da plateia quando disse algumas "pérolas":

— Vocês sabem onde estão e onde querem chegar?

...

— O que levará sua equipe ao topo não são seus olhos e sim sua visão.

...

— Olhos todos os líderes têm, mas visão somente alguns.

Terminou a palestra. Foi aplaudido de pé. Uma fila foi formada para autógrafos e fotos. As pessoas estavam encantadas.

Quarenta minutos depois, o auditório foi se esvaziando. John aproximou-se de Sam:

— Que palestra espetacular!

— Obrigado!

— As pessoas saíram satisfeitas. – falou John.

— Agradeço a confiança em nosso trabalho.

— Vou acompanhá-los até a saída do hotel. Preparei um carro para levá-los.

Caminharam até a saída. Um automóvel *Bentley* preto com interior caramelo estacionou bem na porta.

— Esse é o carro que irá levá-los. – apontou John — Mas antes, preciso lhe fazer uma pergunta.

— Qual?

— Como conseguiu preparar outra palestra em 15 minutos?

— Eu me especializei em um tema, liderança. Desse tema, criei várias palestras e workshops. Não sou como a maioria dos palestrantes, refém de uma única palestra. Posso ser refém de um tema, mas jamais serei refém de uma palestra.

Uma palestra é uma missão

— Entendi. Mas você já tinha outra palestra preparada?
— Tenho quatro palestras sobre liderança. – falou Sam, entrando no carro — E pelo fato de eu ter estudado muito esse tema, posso dar várias palestras sobre o assunto.
— Então, o que aconteceu aqui hoje foi um golpe de mestre? – perguntou John sorrindo.
— Preste atenção no que vou lhe dizer.
— O que é?
— TODO GRANDE PALESTRANTE DEVE SER UM VERDADEIRO MESTRE NO SEU TEMA!
****

COMENTÁRIOS DO AUTOR

Diferentemente dos outros capítulos, onde o foco é o PALESTRANTE, no caso acima o FOCO é o TEMA. Pense: o que você pode fazer a partir do seu tema?
Deixe-me explicar:

"Aquele que domina um tema tem que ter, no mínimo, três palestras deste tema."

Imagine que você seja um MESTRE no tema LIDERANÇA. Pense em quantas palestras poderia montar a partir deste tema? "As atitudes de grandes líderes", "Desenvolvendo pessoas para alta performance" ou até mesmo "O poder do líder visionário".

"Não fique refém de UMA ÚNICA PALESTRA em um TEMA QUE VOCÊ É MESTRE."

Discipline-se, organize-se, extraia do seu tema pelo menos mais duas ou três palestras. É possível sim! Coloque foco e energia e o "milagre" acontecerá.
****

Capítulo 16
ENCONTRO MARCADO

Edílson Lopes

O homem desligou o telefone. Coçou a cabeça raspada. Caminhou rapidamente até a calçada. Entrou no primeiro táxi disponível. Quarenta minutos depois, descia em frente ao hotel *Hilton* em *Manhattan*. O relógio marcava oito e cinco da noite.

Entrou no hotel. Foi direto para o *american bar*. Uma mulher o aguardava.

— *O problema é este, ninguém lhe conhece!* – disse a mulher para o homem após cinco minutos de conversa.

— *Como assim, ninguém me conhece?* – perguntou ele.

— *Robert, seu nome não é conhecido nesse mundo de palestras. Por mais que você seja bom, não é o suficiente.* – respondeu a mulher.

— *As empresas não querem bons palestrantes?*

— *Claro que sim!* – disse a mulher – *Mas quando o nome é conhecido, fica mais fácil vender.*

— *O que você quer fazer então?*

— *Quebrar nosso vínculo empregatício. Vou procurar outra coisa para fazer!*

Robert sentiu um aperto no peito. Tomou um pouco da sua água.

A mulher retirou os óculos, colocou-os sobre a mesa.

Ambos ficaram mudos por alguns instantes.

— *O que você acha que eu devo fazer, então?*

— *Procure outra pessoa pra trabalhar para você.* – respondeu a mulher.

— *Mas vou encontrar o mesmo problema, concorda?*

— *Pode ser.* – disse a mulher, colocando a carta de demissão em cima da mesa.

Uma palestra é uma missão

Despediram-se. Ela saiu pela *41st Street* sentido *8th Avenue*. Ele pediu outra água. Ficou mais dez minutos no local. Pagou a conta.

Robert saiu pela *41st Street*. Caminhou por duas quadras e virou na *6th Avenue*. Desceu as escadas da estação de metrô *Bryant Park*. Quase uma hora depois, saiu pelo portão principal da estação *103rd Street*. Andou por duas quadras. Entrou em uma modesta casa de portão baixo.

— *Boa noite, pai.* – disse sua filha.

Ele não respondeu.

— *Como você está?* – perguntou sua mulher da cozinha.

Robert também não respondeu.

Subiu a escada que dava acesso ao andar superior da casa. Entrou em seu quarto. Abriu o guarda-roupa. Puxou a gaveta. Olhou para um livro que estava lá dentro. Pensou: "*Por que não li este livro antes?*".

— *Venha, vamos jantar.* – disse sua esposa, tocando com a mão em seu ombro direito.

— *Vou passar uma mensagem e já desço!* – disse Robert virando-se para ela.

Abriu o computador. Selecionou a caixa de e-mails. Digitou uma mensagem: "*PRECISO DE SUA AJUDA URGENTEMENTE!*".

...

Um dia depois, Robert subiu as escadas da estação de metrô *Canal Street* às seis e cinquenta da manhã. A neblina tornava as ruas perigosas naquele momento. Carros andavam devagar.

Caminhou por 50 metros. Entrou na *Starbucks Coffee*. O aquecedor da cafeteria amenizava o frio. Sacou seu celular.

— *Ele já chegou. Pode subir.* – disse uma voz feminina do outro lado da linha.

Robert levantou-se rapidamente. Atravessou a rua. Entrou em um prédio cinza.

Depois de quinze minutos de reunião:

— *Onde eu posso levar o casal para jantar?* – perguntou Robert para um homem aparentando sessenta anos, diretamente de uma sala no 20º andar do prédio.

— *O casal só frequenta lugares caros.*

— *E qual o problema?*

— *Você tem dinheiro para pagar um jantar para eles?*

— *Não, não tenho!* – respondeu Robert.
— *Então, como você quer convidá-los para jantar?*
— *Patterson, só você pode me ajudar. Eu confio em minha performance de palco. Pode me colocar na frente do casal?*

Patterson deu um suspiro.
— *Vou tentar, mas não posso garantir que eles vão contratá-lo, ok?*
— *Eles são os maiores agenciadores de palestrantes dos Estados Unidos. É deles que preciso.*

Robert, então, tirou da sua pasta uma revista. Abriu na página 67.
— *Leia o que o casal disse. Veja se não tem tudo a ver comigo.*

Patterson colocou os óculos. Segurou a revista com as duas mãos. Leu em silêncio o que estava escrito: *"Nossa agência não trabalha somente com celebridades. Procuramos palestrantes com alta performance em palco. Esse é o nosso desafio!".*

Patterson terminou de ler o texto. Fechou a revista. Colocou-a em cima da mesa. Tirou os óculos. Acomodou-se na cadeira.
— *Já descobri a solução para você.* – disse Patterson.
— *E qual é?*
— *A maioria dos palestrantes fracassa porque contrata um funcionário para vender suas palestras. Isso é uma estratégia errada!*

Os olhos de Robert arregalaram-se.
— *Por quê?*
— *O segredo é vender suas palestras para quem vende palestras.*
— *Como assim?*
— *Quem vende palestras não são as agências?*
— *Sim!* – respondeu Robert.
— *Então, você precisa ser visto por eles, concorda?*
— *E como faço para ser visto por eles?*
— *Espere um pouco. Já volto.* – disse Patterson.

Saiu da sala. Retornou quase sete minutos depois com uma folha nas mãos:
— *Vá neste hotel na sexta-feira.*
— *Daqui a três dias?*
— *Isso mesmo!* – falou Patterson – *Acabo de falar com o casal. Eles promoverão um encontro com outros agenciadores na sexta-feira.*
— *Poderei conhecer outros agenciadores além deles?*

Uma palestra é uma missão

— Com certeza! Os maiores agenciadores de palestrantes de Nova York estarão lá!

A recepcionista serviu mais um café.

— *Obrigado pela amizade e por tudo. Que você tenha mais sucesso ainda com a sua editora.* – despediu-se Robert.

...

Sexta-feira. Robert olhou para a fachada do luxuoso hotel *Renaissance Midtown*, do outro lado da rua. Atravessou rapidamente por entre os carros.

Entrou no hotel. Foi direto para o primeiro andar. Um coquetel era servido no *Club Lounge* para homens e mulheres elegantemente vestidos.

Percebeu um palco montado no fundo do bar. *"Quem será que fará palestra aqui hoje?"*, pensou.

Aproximou-se do casal anfitrião da festa, Henry e Elizabeth. Apresentou-se. Agradeceu o convite. Conversaram por cerca de vinte minutos.

— *É uma ótima oportunidade para você conhecer vários agenciadores.* – falou Henry para Robert.

— *E aquele palco, para que é?* – perguntou Robert segurando uma taça de vinho.

— *Aquele montado lá no fundo?*

— *Sim, isso mesmo. Haverá alguma palestra aqui hoje?*

— *Sim, haverá.*

— *E quem será o palestrante?*

Henry e Elizabeth se entreolharam.

— *VOCÊ!* – responderam ao mesmo tempo para Robert.

...

Quase um mês depois.

Um furgão branco da *FedEx* parou em frente a uma mansão em estilo neoclássico, no bairro *Old Westbury*, em um sábado de manhã.

— *Residência do senhor Patterson?*

— *Sim.* – respondeu uma voz pelo interfone.

— *Temos uma encomenda para ele.* – disse o entregador.

Um segurança foi até o portão. Voltou pelo imenso jardim que dava acesso à porta principal da mansão com um pacote nas mãos. Patterson o esperava na sala:

— *Obrigado!*

Patterson olhou para a caixa embrulhada em papel alumínio. Sentou-se no sofá. Abriu. Dentro, uma garrafa de *Moet & Chandon Dom Perignon*. Percebeu também um envelope na caixa.

Retirou um cartão de dentro do envelope. Leu o que estava escrito.

"AMIGO PATTERSON, SOMENTE UMA MENTE BRILHANTE COMO A SUA PODERIA TER IMAGINADO AQUELE EVENTO! Assinado: Robert."

****

COMENTÁRIOS DO AUTOR

Se você vai a uma livraria ou em algum evento, as pessoas o reconhecem? Quantas pessoas pediram autógrafo para você no mês passado? Quantas pessoas o abordam no aeroporto? Se este número for muito baixo ou inexistente, significa que você NÃO É uma CELEBRIDADE.

Então, como você poderá vencer no mundo das palestras se não for uma celebridade? Somente se tiver uma performance acima da média. E o que é uma PERFORMANCE ACIMA DA MÉDIA? É quando alguém assiste a sua palestra e quer assistir de novo. Além disso, essa pessoa o indica para os outros. A conclusão é uma só:

"Quem assiste um palestrante com alta performance de palco, virará seu vendedor."

Conheço, e você também, muitos palestrantes com agendas relativamente "cheias" e que nunca escreveram um livro, nunca foram a um programa de TV e nem têm seguidores, mas possuem uma PERFORMANCE capaz de causar inveja a qualquer um.

Se você possui uma PERFORMANCE acima da média, faça o máximo possível para que agentes, promotores de eventos, contratantes e líderes deste negócio possam, ao menos uma vez, assistir a uma palestra sua. Eles se tornarão seus VENDEDORES!

****

Capítulo 17
O ARROGANTE

Edílson Lopes

Fazia frio naquela noite em *Nova York*. O estacionamento do hotel *The Ritz-Carlton* estava completamente lotado.

Um homem desceu de uma *Limousine Lincoln*. Uma elegante senhora o aguardava na porta do hotel.

— *Boa noite, Frankie. Bem-vindo!*
— *Agradeço.*
— *As pessoas estão eufóricas. Vieram de longe para vê-lo.*
— *Eu sei.* – respondeu o palestrante.

A senhora o acompanhou até o *check-in*.

— *Que horas será minha palestra?*
— *Às nove e meia da noite.*
— *Ainda dá tempo de descansar.* – disse Frankie —*Reservaram a suíte que solicitei?*
— *Sim!* – respondeu a senhora — *Reservamos a melhor suíte do hotel.*
— *Peço, então, que não me incomodem. Estarei na sala VIP 30 minutos antes da minha apresentação.*

A senhora lhe entregou uma caixa.

— *Aqui há uma lembrança da nossa empresa.*
— *Depois você me entrega.* – respondeu ele.

O palestrante terminou o *check-in*. Subiu para o apartamento. Abriu a sacada. Fez alguns exercícios, ligou a sauna, ficou ali por um tempo e tomou seu banho. Depois disso, dormiu cerca de meia hora.

Quarenta minutos depois, estava se arrumando.

Uma palestra é uma missão

Abriu o zíper de uma capa de terno com a marca *Ermenegildo Zegna*. Colocou uma camisa branca. Depois, uma abotoadora de ouro. Olhou para a mesa ao lado. Uma garrafa de vinho e queijos estava na mesa.

Terminou de se arrumar. Enviou uma mensagem para a organizadora do evento: "Estou descendo".

Assim que entrou na sala VIP, todos se levantaram.

— *É um verdadeiro popstar!* – disse a diretora no ouvido do presidente da empresa.

Cumprimentou os organizadores.

— *Estou pronto!*

O mestre de cerimônias o chamou. As pessoas o aplaudiram de pé, entusiasmadas. Foi para o centro do palco. Falou durante trinta minutos. Abriu para perguntas.

Uma pessoa da plateia fez a primeira pergunta. Ele pensou, mas não conseguiu respondeu.

Outra pergunta foi feita. Frankie se concentrou novamente, mas também não conseguiu responder. A plateia ficou importunada.

Então, fizeram mais uma pergunta. Novamente, nada de resposta.

— *Sinto muito, pessoal, não sei o que está acontecendo.* – falou Frankie — *Não estou me lembrando das respostas. Peço, por favor, que encerre agora a minha participação no evento.*

As pessoas ficaram desapontadas.

— *Decepção total!* – falou um homem na plateia para outro que estava ao seu lado.

Frankie saiu desesperado para a sala VIP.

— *O que aconteceu?* – perguntou o presidente.

— *Peço desculpas. Não sei. Não consegui responder as perguntas.*

Frankie, abatido, despediu-se e subiu rapidamente para o seu apartamento. Arrumou a mala.

— *Dispense o motorista, pegarei um táxi.* – disse para a organizadora do evento pelo telefone.

Desceu rapidamente para a recepção. Parou o primeiro táxi.

— *Vá para este endereço, por favor.*

Entregou um papel ao taxista.

O carro andou cerca de quarenta minutos. Parou em frente a uma exuberante mansão no bairro de *Long Island*.

Edílson Lopes

— Chegamos, senhor. – disse o taxista olhando para o movimento de carros em frente à mansão. Uma festa acontecia.

Frankie pagou a corrida. Desceu rapidamente. Um segurança o barrou logo na entrada.

— Vim para o aniversário do meu amigo Tommy. Meu nome está na lista. Tome o meu cartão.

Minutos depois, o segurança retornou.

— Pode entrar.

Frankie entrou. Passou pelo jardim. Homens e mulheres elegantemente vestidos abrilhantavam a festa. Foi direto para a sala principal.

— Sei que é seu aniversário hoje, mas você é meu mentor. Vamos ali para o seu escritório, preciso falar com você urgentemente.

— O que foi?

— Aconteceu uma desgraça agora a pouco na minha palestra.

Seguiram para o escritório. Frankie contou o que havia acontecido.

— Eu não sei o que aconteceu. Não consegui responder as perguntas!

— Me diz uma coisa. – disse o amigo — Você sabia quais eram as respostas das três perguntas?

— Claro que sim! Eu sei tudo sobre o assunto, mas na hora não consegui me lembrar.

O amigo pensou. Olhou pela janela do escritório. As pessoas já o estavam procurando.

— Quer que eu seja sincero?

— Claro! Afinal, você é ou não é o meu mentor?

O amigo, então, tomou um pouco mais do champanhe.

— Então eu vou lhe dizer agora.

Frankie já estava ficando nervoso

— Quando um palestrante se enche de orgulho, perde a humildade e o conhecimento o abandona.

— Como é que é?

— Isso mesmo.

— Pode explicar?

— Quando as pessoas nos veneram demais, não podemos cair no erro de nos idolatrarmos. Os palestrantes verdadeiramente grandes não se deixam se influenciar pela adulação dos demais.

Ele ainda complementou:

Uma palestra é uma missão

— *Grandes palestrantes conservam a humildade!*
Frankie não dizia nada. Depois de alguns segundos, estendeu as mãos:
— *Já entendi o seu recado. Feliz aniversário, mentor.*
...
Enquanto isso, no hotel The Ritz-Carlton.
— *Que desastre.*
— *Com certeza! Ele chegou aqui se achando o máximo e, no final, saiu humilhado.* – disse a diretora.
— *Não quero contratá-lo nunca mais!* – falou o presidente da empresa.
— *Acho que hoje ele aprendeu uma lição!*
— *Qual?*
— *QUANDO O PALESTRANTE PERDE A HUMILDADE, ELE PERDE O CONHECIMENTO.*

****
COMENTÁRIOS DO AUTOR

A vida é uma RODA GIGANTE, hoje você está em cima, amanhã embaixo. Não queira achar que você nunca terá dificuldades só porque está no TOPO nos dias de hoje.

Se a sua carreira está "de vento em popa", agradeça ao UNIVERSO. Mas, lembre-se, amanhã pode ser que não esteja.

"Conserve a humildade para não perder o conhecimento."

Quando perdemos nossa humildade, perdemos nosso CONHECIMENTO. Dessa forma, deixamos de enxergar nossas FRAQUEZAS. Quando um palestrante não enxerga mais as suas FRAQUEZAS, logo adiante começará a sua queda.

Lembre-se sempre:

"Quando nos sentimos FORTES, estamos FRACOS. Quando nos sentimos FRACOS, estamos FORTES."

****

Capítulo 18
O VENDEDOR

Edílson Lopes

Istambul. Turquia. Abril de 2015. Um homem levantou às seis e meia da manhã. Abriu a sacada do apartamento 519 do majestoso hotel *Ciragan Palace Kempinski*. Viu algumas embarcações em movimento no *Mar de Mármara*.

Tomou banho rapidamente. Vestiu um terno preto. Foi até o espelho, deu o nó na gravata. Colocou um *Rolex* em seu braço direito. Desceu até o *lobby*.

Tomou seu café, depois se dirigiu até o balcão.

— Check-out, por favor.

Uma elegante senhora o aguardava no *lobby* do hotel.

— Muito obrigado pela palestra de ontem. – Willian agradeceu.

— Está vendo aquele Rolls-Royce branco ali na frente?

— Sim!

— Ele irá levá-lo ao aeroporto.

Caminharam até o automóvel.

— Leve-o ao aeroporto. No caminho, mostre a Mesquita Azul para ele. – disse a senhora em idioma turco para o motorista.

O *Rolls-Royce* saiu pela *Avenida Ciragan,* depois seguiu pela ponte *Galata Köprüsü* e minutos depois estacionava em frente à *Mesquita Azul*.

Willian abaixou o vidro. Olhou para a imponente construção de 1.616 do *Sultão Ahmed* e principal cartão postal de *Istambul*.

Desceu. Sacou seu celular. Fez algumas fotos. Depois de alguns minutos:

— Airport, please. – falou em inglês para o motorista.

Uma palestra é uma missão

Quarenta e cinco minutos depois, o *Rolls-Royce* parava no portão de acesso ao *check-in* da *British Airways*.

Willian desceu somente com uma maleta. Passou pelo *check-in*, depois pela imigração e foi para a sala VIP da companhia.

— *Por favor, seu cartão de embarque.* – disse a recepcionista da sala VIP.

Ele retirou da maleta.

— *Por favor, entre e fique à vontade.* – disse a recepcionista.

Willian acomodou-se em uma mesa. Um garçom serviu-lhe um suco de laranja. Folheou alguns jornais. Retirou seu celular do paletó e fez uma ligação.

Alguns segundos depois, uma voz feminina atendia do outro lado da linha.

Depois de cinco minutos:

— *Como ficou a cotação daquelas 20 palestras para o Banco Barclays?*

Um silêncio do outro lado da linha.

— *Como ficou a cotação?* – insistiu ele.

— *Perdemos, Willian.* – disse a voz feminina direto de um escritório na região central de Londres.

— *Como assim, perdemos?*

— *Escolheram outro palestrante.*

— *Está falando sério?* – levantou-se imediatamente.

— *E por que brincaria com uma cotação envolvendo 20 palestras?*

— *Quando lhe deram essa resposta?*

— *Hoje de manhã.*

Willian ficou mudo. Sentou-se novamente. Um ar de preocupação tomou conta do seu rosto.

— *E agora?*

A mulher também ficou muda do outro lado.

— *Me envie o telefone do diretor do banco, Arnold Ross. Há cinco anos faço as convenções do banco. Alguma coisa aconteceu.*

Em menos de um minuto, a mensagem com o telefone do diretor chegou.

Willian levantou-se. Foi até o corredor. Tentou por três vezes. Não conseguiu. Fechou o celular. Colocou-o no bolso do paletó. Seu embarque foi anunciado.

O voo 677 da *British Airways* decolou ao meio dia e quarenta do aeroporto *Atatürk*, em *Istambul*. Destino: *Londres*.

Edílson Lopes

Quatro horas e quinze minutos depois, o avião tocava o solo do aeroporto *Heathrow*.

Willian saiu apressadamente. Retirou seu celular do paletó enquanto caminhava pelo corredor do aeroporto. Ligou duas vezes para o *Banco Barclays*.

— *Ele não pode atendê-lo, senhor.*
— *Que horas, então, ele poderá me atender?*

A secretária do outro lado da linha ficou quieta. Depois de quase um minuto:

— *Ele disse que retornará para o senhor.*
— *Por que ele não pode me atender?*
— *Está em reunião.*
— *Posso ir até aí?*
— *Um minuto.* – disse novamente a secretária.

Segundos depois:

— *Ligue amanhã cedo, às nove horas. Ele falará com o senhor pelo telefone.*

...

Manhã do dia seguinte. Uma *BMW* parou frente à esquina da *42nd Street* com a *Lexington Avenue*. Willian desceu apressadamente. Olhou no relógio: faltavam dez minutos para as nove horas.

Subiu rapidamente as escadas que davam acesso ao terceiro andar. Abriu a porta. Cumprimentou sua assistente. Foi direto para sua sala. Fez a ligação para o diretor do banco.

— *Entendo, Sr. William. Ele combinou de falar com o senhor, mas teve que entrar em uma reunião agora e não poderá atendê-lo.* – disse a secretária do diretor —*Peço-lhe desculpas pelo ocorrido.*

Willian "bateu o telefone na cara dela".

Dez minutos depois, um e-mail chegou a seu computador.

Leu a mensagem:

"*Prezado Sr. Willian. Não entendi o tamanho da sua grosseria com a nossa secretária, mas vou lhe contar o motivo pelo qual não o contratamos novamente. O senhor caiu na armadilha que a maioria dos palestrantes cai quando começa a decolar na carreira: A ILUSÃO DO SUCESSO. Ou seja, você*

Uma palestra é uma missão

parou de fazer as coisas que fazia antes de chegar ao topo. Sempre que cotávamos suas palestras, o senhor nos ligava, nos atendia, marcava reuniões aqui no escritório. Hoje já não nos atende mais. Sempre coloca sua secretária para falar conosco. Cuidado, isso pode ser o começo do seu FRACASSO! Assinado: Arnold Ross, Banco Barclays."

Willian desligou o computador com uma forte dor no estômago. Seu rosto mostrava angústia e frustração.
...
Uma semana depois.
O telefone de um veleiro ancorado na *Ilha de Malta* tocou às dez horas da manhã de um sábado.
Um homem aparentando 50 anos, vestindo bermuda azul e camiseta branca, desceu ao convés.
— *Alô.*
— *Recebeu minha mensagem?*
— *Sim, ontem à noite, Willian.*
— *Viu que perdi a cotação das 20 palestras?*
— *Eu já sabia.*
— *Como assim? Eles também cotaram você?*
Um silêncio ficou do outro lado da linha.
O homem, então, subiu as escadas do convés com o telefone nas mãos.
— *Eles cotaram você também?* – insistiu Willian.
— *Sim, tanto que nos últimos três dias fiquei com os diretores do Banco Barclays para entender as necessidades deles. Acabaram fechando as 20 palestras comigo.*
Willian ficou mudo. Suas mãos tremiam.
Um silêncio tomou conta da ligação.
O homem, então, resolveu falar:
— *Preciso lhe dizer algo que aprendi logo no começo da minha carreira.*
— *O que é?*
— *Nunca abandone o seu rebanho!*
— *O que quer dizer?*
— *A maioria dos palestrantes abandona os clientes assim que chega ao topo.*

Edílson Lopes

Willian engoliu em seco e não disse nada.

O homem, então, olhou para o mar cristalino do *Mediterrâneo*.

— Na terra dos meus pais, Israel, há um ditado que nunca devemos nos esquecer.

— Qual? – perguntou Willian.

— "TUDO QUE NOS ACONTECE É PARA O NOSSO BEM!"

****

COMENTÁRIOS DO AUTOR

Nossa empresa, o Grupo K.L.A. Educação Empresarial, entrou no seu 20º ano em 2018. Já contratamos palestrantes famosos, não famosos e também assistimos a ascensão e queda de vários deles. O que realmente nos impressiona é que alguns caem na famosa "ILUSÃO DO SUCESSO". Eles simplesmente param de fazer o que faziam antes de chegar ao topo.

"Nunca deixe de fazer o que fazia antes de chegar ao topo."

Fique atento para não se afastar dos clientes. Não acredite na história de que você somente tem que entrar no avião, chegar ao local e dar a palestra. Há clientes que querem conversar, querem que você CONHEÇA os problemas deles.

Se você tomou a decisão de ficar longe dos clientes, então coloque gente competente para representar você. Coloque alguém que transmita a sua VISÃO, alguém que tenha o seu "cheiro". Caso contrário, sua marca poderá sofrer danos.

"Aquele que fala em seu nome tem que ser tão bom quanto você."

Se você é uma CELEBRIDADE e recebe 20, 30 solicitações de palestras por dia, peço que nunca mais se esqueça da parábola narrada neste capítulo. Além disso, lembre-se:

"O mundo dos negócios é uma RODA GIGANTE!"

****

Capítulo 19

A RAINHA DO JOGO

Edílson Lopes

B everly Hills, verão de 2007. Uma elegante mulher, aparentando quarenta anos, fechou a porta do seu apartamento no 20º andar do luxuoso hotel *Beverly Wilshire*.
    Enquanto aguardava o elevador, seu celular tocou:
— *Agatha, já estou no restaurante.*
— *Estou entrando no elevador agora.*
    Minutos depois, Agatha desceu na cobertura. Entrou no majestoso restaurante do hotel.
— *A senhora tem reserva?*
— *Há uma pessoa me aguardando lá no fundo.*
    A recepcionista a acompanhou até a mesa.
— *Prazer em revê-lo Michael.* – falou Agatha.
— *Chegou hoje?*
— *Sim, agora há pouco.* – disse ela sentando-se —*Viajei de Nova York somente para este jantar.*
    Iniciaram a conversa. Agatha foi bem objetiva logo no começo.
— *Quero tê-lo como palestrante da minha agência.*
    Abriu sua bolsa. Retirou o contrato. Explicou os benefícios que Michael teria se assinasse um contrato de exclusividade.
— *Sinto muito, mas não tenho interesse em trabalhar contigo.*
— *Tem certeza?*
— *Prefiro ter meu escritório sozinho.*
— *Você acha mesmo que é interessante manter um escritório com várias pessoas somente para você?*

Uma palestra é uma missão

Michael pensou. Tomou um pouco do seu vinho.
— Acho que sim.
Ela tentou argumentar.
— Já disse, prefiro ter minha estrutura sozinho. – falou Michael em tom firme.
Agatha olhou bem nos olhos de Michael:
— Está bem, desisto.
Terminaram o jantar.
— Tenho que ir, Michael.
— Agradeço a companhia. Tenho palestra amanhã cedo aqui neste hotel. Obrigado por ter vindo de Nova York para o nosso jantar.
Despediram-se.
Agatha voltou imediatamente para o seu apartamento.
— Que inferno este cara! Não consegui fechar o contrato. – falou para uma pessoa pelo telefone, assim que entrou na sua suíte.
— Não deu certo? – perguntou um homem a 4.500 quilômetros de distância.
— Não, não deu.
— E agora?
— Não sei. Acha que devo desistir?
— Isso não faz parte do seu vocabulário, concorda?
— É, eu sei, mas ele é meio ignorante. Insiste em ter quatro, cinco pessoas trabalhando para ele. Além dos custos do escritório.
— Será que ele entendeu bem o tipo de trabalho que nossa agência pode oferecer?
Agatha ficou quieta. Segundos depois.
— Tentarei falar com ele amanhã cedo aqui no hotel.
A ligação terminou.
Quase meia noite, Agatha ligou novamente para o sócio em *Nova York*:
— Será que ele me atenderia amanhã, depois da palestra?
— Você já teve desafios maiores na vida. – respondeu o sócio, desligando o telefone.
...
Manhã do dia seguinte.
— Você é a mulher mais persistente que já vi na minha vida! Você veio de Nova York para jantar comigo, dormiu aqui, esperou eu dar a minha palestra e agora está fazendo uma nova reunião comigo!

— Serei bem direta. Passei a madrugada toda montando essa apresentação. Pode dar-me dez minutos do seu tempo?
— Sim.
— Vamos para aquela sala ali.
Michael sentou-se de frente para uma tela. Agatha começou a explicação:
— Eu levantei que você tem cinco funcionários. Eles lhe custam, hoje, em torno de U$ 30 mil dólares mensais, certo?
Michael acenou positivamente com a cabeça.
— Você não acha que tem muitos funcionários para o seu tipo de negócio?
Ele não respondeu.
— Outra coisa. – falou Agatha — O problema não é somente custo fixo, e sim a energia que você gasta para administrar funcionários, correto? Lembre-se, excesso de funcionários suga a energia do palestrante.
Agatha não parava de falar.
— O foco de um palestrante está em construir palestras, textos, livros, vídeos, afinal, é um profissional do conhecimento. Será que seu foco está 100% nisso?
Michael continuava calado.
Agatha estampou a foto de um palestrante famoso nos *Estados Unidos*.
— Tenho certeza de que conhece McAlister.
Michael acenou positivamente com a cabeça.
— Ele acabou com o escritório dele e agora está em nossa agência. Não fica perdendo tempo em comprar papel higiênico para o escritório!
Michael esboçou um sorriso.
— O foco dele agora é dar palestras, escrever livros, escrever artigos, enfim, tudo e somente sobre o mercado do conhecimento.
Ela, então, colocou outra foto de um palestrante no telão.
— Agora veja o caso do Arthur Johnson. Ele está quebrado. Falido. – falou Agatha — Sabe por quê?
Michael ergueu as sobrancelhas.
— Criou uma estrutura enorme. Desviou-se do foco. Achou que daria palestra todos os dias dele, durante a vida inteira. Muitos palestrantes não crescem, eles incham.
Um silêncio abateu-se na sala.
— A vida nesse negócio é uma roda gigante! Hoje você está em

Uma palestra é uma missão

cima, amanhã estará embaixo. Pense que um dia chegará a sua vez, então, é importante guardar tudo que você ganha, diminuir o custo fixo e focar naquilo que você é forte. Outra coisa: é importante você ter um conselheiro. A maioria dos palestrantes é sozinha. Muitos nem guardam dinheiro, acham que o número de pedidos de palestras nunca cairá. Eu trabalho somente com dez palestrantes. Nem cobro comissão, cobro um custo fixo. Por isso a minha atenção é praticamente exclusiva!

Agatha tirou um *folder* da pasta.

— Veja aqui, tenho parcerias com escritórios financeiros, fiscais, advogados, marketing, etc. Há uma fila enorme de palestrantes que querem se juntar a mim, mas eu escolho a dedo com quem vou trabalhar, e você me interessa.

Michael continuava calado.

— *Quero lhe dar um conselho de amiga.* – falou Agatha, levantando-se —*Sei que sua filha de 18 anos trabalha com você. Não faça isso. Deixe que a mesma consiga um emprego sozinha, será melhor para você e para ela.*

Agatha, então, retirou da pasta um contrato. Jogou-o em cima da mesa:

— E aí, vamos assinar?

Alguns segundos viraram uma eternidade.

— *Não, infelizmente não tenho interesse.* – respondeu Michael levantando e se despedindo.

...

Nova York, julho de 2017. Dez anos depois.

— Qual é o seu nome? – perguntou a atendente do café.

— Michael.

— Assim que o café estiver pronto, chamamos pelo nome.

Ele, então, sentou-se. Abriu a agenda. Pensou: "*Próxima palestra somente daqui a 30 dias*". Abriu desanimado um jornal que estava em cima da mesa. Minutos depois, ouviu chamar seu nome. Levantou-se e pegou o café.

— *Ele vem aqui todos os dias.* – falou a atendente no ouvido da outra.

Enquanto tomava seu café, Michael caminhava pela livraria.

Um livro, exposto em uma pilha logo na entrada, lhe chamou a atenção:

"A RAINHA DO JOGO – A história da mais famosa agenciadora de palestrantes do mundo – Agatha Smith."

Edílson Lopes

****

COMENTÁRIOS DO AUTOR

Cuidado com seu custo ou despesa fixa. Monitore isso diariamente, a menos que você seja uma celebridade e ache que nunca mais seu número de palestras cairá.

Não caia na tentação de aumentar seu custo fixo porque sua carreira está em ascensão. Antes de contratar uma pessoa, pense: "Preciso mesmo?" ou ligue para um palestrante bem-sucedido e pergunte: "*Qual o tamanho da sua estrutura*?".

A partir do momento em que você aumenta o número de pessoas na sua equipe, não tenha dúvida, gastará mais ENERGIA em administrar pessoas.

Uma agência pode ajudá-lo – e muito. Ela pode cuidar de coisas que "roubariam" a sua energia.

"Terceirize aquilo que lhe rouba tempo, a fim de FOCAR naquilo que realmente lhe dá LUCRO."

****

Capítulo 20
O ESPETÁCULO

Edílson Lopes

— Chegamos. O show do André Rieu será nessa praça. — disse o taxista para o casal assim que estacionou em frente ao portão principal da *Museumplein,* em *Amsterd*ã, na *Holand*a. Eram 21h45min.

O casal pagou o táxi. Ambos desceram e avançaram pelo extenso gramado já lotado de turistas e holandeses.

— *Vamos rápido, precisamos arrumar um lugar lá na frente.* — disse o homem puxando a esposa pelas mãos.

Dez horas pontualmente. André Rieu, vestido em um *smoking,* camisa branca e uma faixa laranja, entrou pelo fundo da praça em fila com sua orquestra. Um foco de luz o iluminava. Caminhou pelo público. Subiu uma escada e posicionou-se bem no meio do palco.

O *show* começou de forma espetacular. O público vibrava. O casal, no meio da multidão, não se cansava de tirar fotos.

O espetáculo durou quase uma hora e meia. A plateia aplaudiu entusiasticamente a música final: "*Amazing Grace*". André Rieu, visivelmente emocionado, acenava para a plateia com seu violino em mãos. Um a um, os músicos deram as mãos e agradeceram o público. Um *grand finale*!

— *Vamos sair rápido para não ficarmos sem táxi!* – disse o homem. Entraram no primeiro que estava disponível. — *Por favor, hotel Sofitel.*

O táxi avançou pela *Avenida dos Canais*, depois entrou pelas ruas centrais de *Amsterdã*.

Uma palestra é uma missão

— *Viu que show maravilhoso?* – comentou a mulher.
— *Grandioso!* – respondeu o marido.
— *E o final, você viu que arrebatador?*

O marido ficou em silêncio. Cinco quadras depois, ele virou-se para a esposa, que estava no banco de trás.

— *Me diz uma coisa. Você acha que o final de uma palestra também tem que ser arrebatador?*

Nesse momento, o táxi atravessava o canal principal e entrava na *Rua Rusland*.

— *Sem dúvidas. Uma palestra também é um show!* – respondeu ela.

O marido ficou mudo. Não falou nada. Franziu a testa. Minutos depois:

— *O que você acha do final das minhas palestras?*

O táxi já se aproximava do hotel. A esposa ficou quieta. Segundos depois:

— *Posso ser sincera?*
— *Algum problema com o final das minhas palestras?*
— *Acho o fechamento das suas palestras fraco!* – disse a esposa com medo.

Tom Parker virou-se novamente para o banco de trás. O canto da boca tremia. Tentou falar, a voz não saia.

— *Pronto, chegamos. Hotel Sofitel.* – disse o taxista.

O casal desceu quieto. Andaram apressadamente até chegar ao *lobby* do luxuoso hotel. Tom chamou o elevador. Apertou o 9° andar.

— *Você acha mesmo o fechamento das minhas palestras fraco?* – perguntou Tom, enquanto o elevador subia.

— *Você não perguntou?* – disse a esposa — *Eu respondi falando a minha opinião.*

O elevador parou no 9º andar. Entraram no apartamento 913. Tom foi direto para a porta que dava acesso à sacada. Abriu-a. Uma vista deslumbrante de *Amsterdã*. Sentou-se em uma poltrona com vista para a cidade.

— *Por que você acha que devo melhorar o final das minhas palestras?*

A esposa olhava para os lábios de Tom. Ele ainda estava nervoso.

— *Acabamos de sair de um show do André Rieu. Você viu como foi o final do show?*

— *Sim, vi,* e daí?

— *Para mim, é a mesma coisa. Já assisti palestras com finais arrebatadores. Acho que você deve fazer um final forte nas suas também.*
Ela continuou.

— *Estivemos naquele parque, lá no fundo da cidade, agora mesmo assistindo ao show. Está vendo?*

Tom confirmou com a cabeça. Fixou seu olhar no parque.

— *Uma palestra é uma experiência. É a mesma coisa que um show. Quando a experiência é boa, as pessoas contam para as outras. Isso é o boca a boca, entendeu, Tom?*

— *Por que uma palestra é uma experiência?* – perguntou Tom para sua esposa.

A esposa levantou-se. Caminhou até o seu lado.

— *Quem viu, quer ver de novo. Quem viu, conta para os outros. Quem viu, indica. É isso!*

Tom olhou para a praça. Alguns homens começavam a limpeza.

— *Por que você não procura um roteirista? Quem sabe algum produtor de teatro pode te ajudar. Aceite minha opinião somente uma vez.* – disse ela saindo da sacada e entrando no quarto.

— *Conheço Bernard Ross. Vou procurá-lo assim que voltarmos à Nova York.* – falou Tom.

— *Isso! Siga o meu conselho, pelo menos uma vez!*

...

Quinze dias depois.

O relógio marcava nove horas e cinquenta e cinco minutos. A sala era enorme, com uma mesa retangular e o piso era de carpete azul. Em uma das paredes, fotos de *shows* e peças teatrais exibidas na *Broadway*. No fundo, uma mesa com vários troféus.

Conversaram durante trinta minutos. Bernard Ross falou sobre o mercado do *show business*. Disse sobre a importância de encantar uma plateia.

— *Você sabe qual o maior problema que vi nas palestras que já assisti por aí?*

— *Qual?* – perguntou Tom.

— *Roteiro!* – falou Bernard — *A maioria dos palestrantes fracassa porque não tem uma palestra com bom roteiro.*

Uma palestra é uma missão

— Como assim?
— Eles não entendem que uma palestra é uma experiência, por isso fracassam.

Bernard tomou um pouco do seu café. Pegou uma caneta. Puxou o bloco de anotações que estava em cima da mesa. Escreveu a palavra "ROTEIRO".

— O encerramento de um espetáculo, show ou até mesmo uma palestra é tão importante quanto o texto todo. – complementou Bernard.
— O fechamento é muito importante, então?
— Em alguns casos, é tudo!

Tom ficou quieto. Olhos fixos em Bernard. De vez em quando, olhava para a palavra escrita no papel: "ROTEIRO".

— Está vendo aquela foto na parte de cima da parede? – perguntou Bernard, levantando-se e indo em direção à parede — Esse é o produtor Michael Flatley. É o criador do show "Lord Of The Dance". Um verdadeiro gênio. Já ouviu falar dele?
— Sim, já ouvi.
— Certa vez, perguntaram para ele qual era o segredo para encantar pessoas em um espetáculo. Sabe o que ele respondeu?

Tom deu um sinal negativo com a cabeça.
— Não sei.
— Ele respondeu algo que todo palestrante tem que entender para decolar sua carreira.
— O que foi que ele respondeu?
— "Aquela uma hora e meia do meu show tem que ser a melhor uma hora e meia da vida daquelas pessoas". Foi isso que ele respondeu.

O coração de Tom acelerou.
— O que devo fazer, então?
— Procure alguém para ajudá-lo a montar o roteiro da sua palestra. Grandes palestrantes fazem isso. Outros, porém, não fazem, por isso fracassam.

Bernard, então, escreveu na folha do bloco de rascunho: "Steve Jones".
— Procure esse cara! – e entregou a folha para Tom.
...
Trinta dias depois.
Sábado. Cinco horas da manhã. O despertador explodiu na cabeceira da cama. Tom o silenciou. A esposa revirou-se na cama e voltou a dormir.

Edílson Lopes

Tom cambaleou no escuro até o banheiro. Tomou seu banho. Vestiu-se. Entrou em seu *Honda Civic* preto. Saiu pela *Ocean Avenue*, no *Brooklin*.

Quarenta minutos depois, estacionou seu carro em um terreno baldio, na esquina da *39th Street* com a *15th Avenue*. Atravessou a rua. A temperatura beirava os cinco graus. A neblina estava presente. Poucas pessoas nas ruas. Tocou a campainha de um prédio antigo de três andares. O porteiro, enrolado em um cobertor, liberou a entrada.

Tom o cumprimentou. Subiu um andar pelas escadas.

— *Você já está aí?* – perguntou, assustado, para um homem que o esperava na porta.

— *Cheguei cedo. Passei a noite toda trabalhando, dando os últimos retoques na sua palestra.*

Tom entrou. Colocou a pasta em cima da mesa. Sentou-se em sua cadeira. Steve veio logo atrás com um computador nas mãos.

— *Sua apresentação já está pronta. Fiz vários ajustes na sequência de temas e assuntos. Muitos palestrantes não dão muito valor a isso, mas é fundamental.*

— *Como ficou?* – perguntou Tom.

— *Ficou ótimo! Quando vai utilizá-la?*

— *Daqui a pouco!*

— *Fala sério?* – perguntou Steve.

— *Isso mesmo! E o final, ficou da forma que combinamos?*

— *Encaixei a história "Minas de Diamantes, uma Fortuna ao seu Alcance", do autor Russel Conmwell. A mensagem central da palestra é que a riqueza está onde nós estamos e essa história ilustra exatamente isso.* – falou Steve, apertando as mãos de Tom. — *Boa sorte!*

Tom desceu correndo as escadas. Caminhou até o terreno baldio. Entrou no *Honda Civic*. O relógio marcava nove horas da manhã.

Saiu rapidamente pelo *Brooklin*. Quarenta minutos depois, estacionava seu *Civic* em frente ao hotel *Sheraton Times Square*.

Passou pela recepção. Foi direto para a sala VIP, logo atrás do palco.

— *Entre.* – disse o promotor do evento.

— *Aqui está minha palestra.* – entregou o *pendrive*.

Conversaram durante dez minutos. Tom puxou um pouco a cortina que dava acesso ao auditório. *"Está lotado!"*, pensou.

...

Uma palestra é uma missão

Quase uma hora e meia depois.
A multidão aplaudiu entusiasticamente.
Na última fila, uma elegante senhora batia palmas.
— *Já conhecia esse palestrante?* – perguntou para outra mulher na cadeira ao lado.
— *Sim!* – respondeu com um gesto afirmativo, enquanto segurava um papel em suas mãos com os dizeres:
"A MULHER SÁBIA É AQUELA QUE NÃO MANDA NO MARIDO, MAS QUE TAMBÉM NÃO DEIXA DE INFLUENCIÁ-LO."

****
COMENTÁRIOS DO AUTOR

A menos que você faça um trabalho muito técnico, por meio de um *workshop* ou coisa parecida, não se esqueça:

"UMA PALESTRA É UMA EXPERIÊNCIA!"

Mas, o que é uma EXPERIÊNCIA? Pense, por exemplo, em um *show* ou peça de teatro que você gostou. Sabe por que isso aconteceu? Pela EXPERIÊNCIA! Essa palavra define tudo em relação a uma palestra.
Sua apresentação tem que ser uma EXPERIÊNCIA FASCINANTE para quem a assiste. Quer entender o significado disso? Preste atenção: sua palestra faz as pessoas rirem? Elas se emocionam? Há alguma reflexão? O final dela é impactante? Você utiliza músicas? Vídeos? Sinto desapontá-lo, mas os palestrantes mais requisitados para convenções, na maioria das vezes, são aqueles em que uma palestra é uma EXPERIÊNCIA INESQUECÍVEL!
Encare sua PALESTRA como um ESPETÁCULO, e lembre-se:

"Todo espetáculo tem que tocar o CORAÇÃO da plateia."

Examine sua apresentação. Veja se há "pontos" de um verdadeiro espetáculo. Pense em como passar o CONTEÚDO de forma que toque o CORAÇÃO das pessoas. Porém, não se esqueça do FINAL.

"O FINAL tem que ser FANTÁSTICO!"

****

Capítulo 21

O CONSELHEIRO DAS MONTANHAS

Edílson Lopes

Sexta-feira, 1º de maio de 2009. A livraria *Barnes and Noble*, na *5th Avenue*, estava lotada. Empresários e executivos de todos os cantos de *Nova York* disputavam "a tapa" um lugar na fila para o lançamento de um dos livros mais esperados do ano: *"A história do bilionário Moses Cohen"*.

Um rapaz, aparentando 30 anos, sentado em uma cadeira no fundo da livraria, observava todo o movimento com um exemplar em mãos aguardando o momento para pedir um autógrafo.

Depois de algum tempo, o rapaz saiu da cadeira e seguiu na direção do bilionário:

— *Sr. Moses, meus parabéns pelo livro. Um autógrafo, por favor?*

— *Muito obrigado.* – disse o bilionário — *Qual o seu nome?*

— *Daniel.* – respondeu o rapaz.

O bilionário escreveu uma frase e assinou.

Daniel leu o que o bilionário escreveu:

— *Gostei da frase!*

— *Esse é o segredo do meu sucesso. Se meditar nessa frase, será bem-sucedido nos negócios e na vida.*

— *Jamais vou esquecê-la.* – disse Daniel.

— *A propósito, no que você trabalha?* – perguntou o bilionário.

— *Estou iniciando minha carreira de palestrante.* – respondeu Daniel com o livro em mãos.

O bilionário ajeitou os óculos. Olhou bem nos olhos de Daniel.

Uma palestra é uma missão

— Desculpe, você quer se tornar um palestrante, é isso?
— Tenho certeza de que serei um dos maiores palestrantes dos Estados Unidos.
— Posso lhe fazer uma pergunta?
O rapaz acenou positivamente com a cabeça.
— Você tem um mentor?

Daniel olhou fixamente para os olhos do bilionário. Não tinha o que responder. Sentiu um frio na barriga. Mordeu os lábios. Seu semblante era de preocupação. Um silêncio estabeleceu-se entre eles.

— Quer dizer que não serei um palestrante de sucesso se não tiver um mentor?
— Nem você e nem ninguém atingirá o sucesso e permanecerá nele sem um mentor.
— Por quê?

O bilionário aproximou-se do ouvido do rapaz como se fosse lhe contar um segredo:

— Alguém precisa lhe dar "o caminho das pedras". Sem um mentor, você fracassará!

Despediram-se. O rapaz saiu da livraria. Caminhou pela *5th Avenue* pelo lado par. Na altura do número 52, virou à direita e apanhou um ônibus sentido *Times Square*. Depois, apanhou outro. Quase duas horas depois, descia na estação *Melrose*, no *Bronx*. Subiu as escadas. Andou por duas quadras. Entrou em um modesto prédio de apartamentos. Foi em direção ao quarto. Abriu o livro. Leu novamente a frase da dedicatória do bilionário. Fechou o livro. Guardou-o na gaveta.

...

Três dias depois. Manhã de segunda-feira. Daniel terminou seu café. Pegou o paletó. Abriu a porta da sala. Saiu sem fazer barulho. Em um dos quartos do apartamento, uma senhora fazia em silêncio uma oração para o filho.

O relógio marcava 10h15min. quando Daniel transpôs os últimos degraus de acesso ao primeiro andar de um luxuoso edifício de escritórios na *Madson Avenue*. Foi direto para o escritório 119.

— Como posso falar com Sr. Noah Jones?
— O Sr. Jones não reside mais em Nova York. – disse a recepcionista — Raramente ele vem até aqui. Somente quando tem alguma palestra agendada.

— *Onde ele vive?*
A senhora apontou o dedo para um quadro na parede.
— *Ele está vivendo nas montanhas da Carolina do Norte.*
— *Sério?* – perguntou Daniel.
— *Sim, por isso alguns o chamam de "O conselheiro das montanhas"!*
Daniel ficou pensativo. Olhou o relógio.
— *Como faço para falar com ele?*
— *É urgente?*
— *Sim, e muito!* – respondeu Daniel nervoso — *É questão de tudo ou nada!*
— *Somente indo até lá!*
...
O avião da *American Airlines* aterrissou às 10h35min. de um domingo no *Aeroporto Internacional de Charlotte/Douglas*, na *Carolina do Norte*.
Assim que desembarcou, Daniel foi rapidamente para a *Hertz* locadora de carros.
— *Quero o carro mais barato que tiver.* – disse para a atendente.
Minutos depois, estava a bordo de um veículo em direção às montanhas *Apalaches* pela *Blue Ridge Parkway*.
Seguiu por mais de duas horas até chegar à pequenina cidade de *Hendersonville*. Parou em uma praça. Atravessou a rua.
— *Por favor, onde fica a propriedade do Sr. Noah Jones?*
— *Não sei.* – respondeu o motorista do táxi sentado em frente a um café.
Viu uma Livraria na esquina. Seguiu rapidamente para lá:
— *Eu o conheço sim. Muitas pessoas vêm até aqui falar com ele.* – respondeu o dono da livraria — *Costuma vir aqui com muita frequência comprar livros. A propriedade dele fica naquela estrada ali adiante.*
— *É só seguir em frente?*
— *Isso, cerca de três quilômetros do lado esquerdo. A casa é uma mansão com colunas brancas.*
Dez minutos depois.
— *Sim, marquei com ele.* – disse Daniel pelo interfone para o segurança da mansão.
O portão abriu.
— *Pode seguir e estacionar em frente à casa.* – disse o segurança.

Uma palestra é uma missão

Daniel estacionou o carro bem na frente da mansão. O coração batia acelerado. Um frio no estômago tomou conta. Caminhou em direção à porta da mansão.

— *Bem-vindo, Daniel. É um prazer conhecê-lo. Achou fácil minha casa?* – disse um senhor, aparentando 70 anos, vestido com um blazer azul na entrada da casa.

— *O prazer é meu!* – estendeu a mão tremendo — *O dono da livraria ajudou-me a chegar até aqui.*

Sentaram-se à mesa da sala. Jones ofereceu um copo de água para Daniel.

— *Conte-me, por que veio me procurar?*

Daniel explicou que precisava de um mentor, alguém que já tivesse sucesso no negócio de palestras. Disse também que sua carreira estava no início. Lutava para se manter. Fazia no máximo uma ou duas palestras por mês.

— *Atualmente moro com a minha mãe. Ela torce muito por mim.*

Tomou um pouco de água.

— *Na verdade, preciso de um mentor.*

— *Você não tem nenhum mentor?*

— *Não, não tenho ninguém.* – falou Daniel — *Por isso vim procurá-lo, pois o senhor é um dos maiores palestrantes desse país.*

— *Você veio até aqui somente para pedir isso?*

— *Com certeza! Você pode ser o meu mentor?*

— *Quer dizer que você acha que sua carreira só irá decolar se tiver um mentor?*

Daniel afirmou positivamente com a cabeça.

— *Venha até aqui.*

Seguiram para o escritório da casa que ficava no fundo da sala.

— *Está vendo essas fotos de palestrantes aí na parede?*

Daniel percorreu os olhos. Reconheceu algumas, outras não.

— *São palestrantes americanos e outros não.* – afirmou em voz alta — *Esses são meus mentores.*

— *Como assim?*

— *Não tenha um mentor, tenha vários mentores!* – falou Jones — *Ter vários mentores é o caminho para o sucesso nesse negócio.*

Daniel sentiu um forte aperto no estômago. Estava suado.

— Você sabe por que muitos palestrantes fracassam?
— Não.
— Eles ignoram outros conferencistas. Temos que olhar para todos como nossos mentores.

Daniel continuou mudo.

— Eu só consegui decolar minha carreira depois que passei a olhar os outros conferencistas. Aprendi o que devo e o que não devo fazer nesse negócio.

— Como assim?

— Certa vez selecionei exatamente 34 vídeos dos maiores palestrantes do mundo.

Daniel ouvia tudo atentamente.

— Foi o melhor aprendizado que tive em toda minha vida. Passei horas e horas examinando os temas, desempenho de palco e estratégias. Anotei os pontos fracos e fortes de cada um. Foi um verdadeiro MBA nesse assunto. Valeu cada esforço.

— Nunca parei para pensar nisso.

— Por que não faz isso também? – perguntou Jones.

Daniel ficou mudo. Não respondeu.

Jones levantou-se. Caminhou em direção ao fundo do escritório.

— Está vendo essa foto aqui? – apontou o dedo para uma foto de uma criança aparentando dois anos.

— Sim.

— É o meu neto. – falou Jones sorrindo — Meu neto tem algo que todo palestrante deveria ter para decolar na carreira.

— E o que é?

— Olhos de aprendiz! – falou Jones — Isso é mais importante do que qualquer coisa. Você sempre pode aprender algo com outro palestrante.

— Nunca parei para pensar nisso.

— Pois é! Os palestrantes que não decolam são, na maioria das vezes, os que mais criticam os que fazem sucesso.

Daniel olhou novamente para a foto do neto de Jones. Continuava calado.

— A maioria dos palestrantes fracassados só vê coisas negativas nos colegas de profissão. Se tivessem olhos de aprendiz, suas carreiras decolariam muito mais rápido.

Uma palestra é uma missão

Jones sentou-se novamente.
— *Vou lhe dizer algo que ouvi há muitos anos.*
— *O que é?*
— *Encontrar seus mestres só depende de você!*
...
Quase dez anos depois.

Fazia muito frio naquele final de tarde de uma quinta-feira de março de 2017. Um homem, acompanhado de sua mãe, observava um grupo de pessoas vestidas de preto em volta de um caixão prestes a ser colocado em uma sepultura no cemitério *Greenwood*, em *Nova York*.

O homem e sua mãe aproximaram-se do grupo e cumprimentaram um rapaz, o qual o pai seria sepultado:

— *Meus sentimentos. Quero dizer que o seu pai foi parte muito importante na minha vida.*

— *Agradeço.* – respondeu o filho do senhor que estava prestes a ser sepultado.

O homem, então, disse:

— *Este livro aqui seu pai autografou para mim no dia do lançamento.* – disse enquanto abria o livro — *Ele escreveu uma frase na primeira página que nunca mais esquecerei.*

O rapaz pegou o livro das mãos do homem. Abriu na primeira página e leu:

"SÁBIO É AQUELE QUE APRENDE COM TODOS!"
****
COMENTÁRIOS DO AUTOR

Se você acha que chegará longe sem um MENTOR/CONSELHEIRO/TREINADOR, esqueça.

"É impossível alguém chegar ao topo e permanecer por lá sem um mentor."

Percebeu como terminei a história acima? "Sábio é aquele que aprende com todos". Até mesmo aquele palestrante que você não gosta, existe algo a aprender com ele. O que não pode é REJEITAR determinado palestrante e não tirar nenhum ENSINAMENTO dele.

*"Não coloque seus olhos somente em cima
dos profissionais que admira."*

Você pode e deve aprender com todos, afinal, até com um palestrante ruim você aprende, ao menos o que não deve ser feito. Mas, para isso, você tem que ter o que toda CRIANÇA tem: "OLHOS DE APRENDIZ"!
****

Capítulo 22
UM SONHO

Edílson Lopes

O voo estava atrasado. Um avião da *British Airways* tocou o solo do aeroporto internacional *John F. Kennedy*, em *Nova York*, às 23h45min., proveniente da cidade de *Londres*, na *Inglaterra*.

Um homem com uma maleta preta desceu pelo portão A. Entrou rapidamente no primeiro táxi disponível.

— Hotel The Plaza, o mais rápido que puder.

O táxi saiu em arrancada. Avançou pela *Interstate 678*, depois pegou a *Grand Central Parkway*, a *Interstate 495 West* e em menos de uma hora parou em frente ao hotel *The Plaza,* em *Manhattan*. O relógio marcava meia noite e vinte minutos.

— *Fique com o troco.*

Caminhou em direção à recepção do hotel, já vazia naquela hora da noite.

— *Por favor, faça meu check-in o mais rápido possível.* – disse o homem afrouxando o nó da gravata.

— *Seu nome, por favor?* – perguntou a recepcionista.

— *Ryan Hayes.*

A moça olhou acima das lentes dos óculos.

— *Desculpe a pergunta, mas é o senhor quem fará a palestra amanhã para a diretoria do nosso hotel?*

Ryan imediatamente parou de escrever no formulário.

— *Sim, por quê?*

— *O pessoal está ansioso. Disseram que sua palestra é fantástica.*

Uma palestra é uma missão

Estão motivados para assisti-lo.
A recepcionista conferiu o formulário da hospedagem. Apertou fortemente as mãos de Ryan.
— *Seja muito bem-vindo. Tenho certeza de que sua palestra amanhã cedo será um sucesso.*
Entregou-lhe as chaves.
Ryan olhou para a recepcionista.
— *Muito obrigado mesmo.*
Rumou para o elevador. Antes de a porta fechar, viu a recepcionista digitando os dados do formulário no computador. Pensou: "*Ela fez a diferença no meu dia.*". Minutos depois, exausto, caiu em sono profundo. Cinco minutos para uma hora da manhã marcava o relógio ao lado da cama.
...
O relógio despertou às seis e quinze. Tomou banho. Colocou seu terno, gravata e calçou os sapatos. Desceu imediatamente para o café. O diretor do hotel já o aguardava.
Após o café, seguiram diretamente para o auditório. Ryan fez os testes de som e equipamentos.
— *Começaremos em 15 minutos. Não podemos ter atrasos.* – disse o diretor do hotel.
Caminhou rapidamente para uma sala ao lado do auditório. Fez sua oração antes de entrar no palco. Checou o relógio. Tudo pronto.
A palestra durou 45 minutos. Ao final, foi aplaudido de pé. Muitos comentaram:
— *Inspirador!*
Outros diziam:
— *Altamente motivador!*
O diretor do hotel o abraçou.
— *Muito bom, Ryan. Você estava muito motivado! Nem parece que viajou nove horas seguidas.*
— *Sim, e já estou de partida.* – respondeu Ryan.
O presidente o acompanhou até a recepção.
— *Sua bagagem já está naquele carro. Nosso motorista irá levá-lo ao aeroporto.* – disse enquanto apontava o dedo para um *Rolls-Royce* preto estacionado em frente ao hotel.

Edílson Lopes

Ryan olhou para o carro e, em seguida, virou-se para a recepção.

— *Qual é o nome da recepcionista que fez meu check-in ontem à noite?* – perguntou Ryan — *Quero deixar um livro de presente para ela.*

— *Que horas você chegou?* – perguntou o diretor.

— *Por volta da meia noite e meia, por quê?*

O presidente ficou pensativo. Pediu um instante. Foi até uma sala que ficava no fundo da recepção. Voltou em cinco minutos.

— *Sinto muito, Ryan, funcionários do sexo feminino não trabalham nesse horário. Você tem certeza do que está dizendo?*

— *Claro que sim!* – falou Ryan assustado.

O presidente ficou quieto. Ajeitou os óculos. Coçou a cabeça.

— *Você não está enganado?*

— *Cheguei exausto ontem à noite. Estava cansado. Mas tenho certeza de que fui atendido por uma recepcionista muito simpática. Ela fez meu check-in naquele balcão.* – apontou o dedo para a recepção.

— *Vamos comigo examinar a gravação do circuito interno de TV.* – disse o diretor.

Subiram uma escada. Foram direto para uma sala no primeiro andar. Uma placa avisava: "Entrada somente para pessoas autorizadas".

Dez minutos depois, voltaram para a recepção.

— *Sinto muito, Ryan. Se quiser, deixe os livros de presente para os dois rapazes que lhe atenderam ontem à noite.* – disse o diretor — *As viagens, às vezes, nos deixam muito cansados.*

Ryan ergueu a cabeça. Estava preocupado. Abatido. Olhou para o diretor do hotel. Estendeu a mão direita.

— *Até a próxima. Muito obrigado.*

Atravessou a recepção do hotel. A porta automática se abriu. Sentiu um forte calor. Olhou para o relógio: onze e meia da manhã.

— *Podemos ir?* – perguntou o motorista.

— *Sim! Aeroporto John F. Kennedy.*

Ryan acomodou-se. Afrouxou a gravata. Deu um suspiro. Pensou: "Acho que foi um sonho." O *Rolls-Royce* arrancou em direção ao aeroporto.

...

Depois de contar essa história, o renomado treinador de palestrantes, Edward Moore, desceu do palco. Caminhou por entre os palestrantes que lotavam o auditório do hotel *Sheraton,* na *Times Square*.

Uma palestra é uma missão

— *Vocês entenderam a história que acabei de contar?*
A plateia ficou muda.
— *Entenderam?* – perguntou novamente.
O treinador abriu um sorriso. Caminhou pelo tapete cinza para o centro do palco. Um canhão de luz ficou em cima dele.
— *O maior desafio que vocês terão nessa profissão de palestrante é a automotivação. Haverá momentos de dor, sofrimento e cansaço. Nesses dias, vocês estarão sozinhos em um avião, um trem ou em um quarto de hotel. Somente uma pessoa poderá motivá-los. Sabe quem? Você! Esse é o grande desafio da profissão de um palestrante.*
Edward apertou o controle dos *slides* e continuou falando:
— *Jamais se esqueçam disso! Os maiores palestrantes do mundo têm um segredo. Eles sabem se automotivar! Alguém pode me dizer por quê?*
A plateia continuou muda. Os olhos estavam focados no treinador de palestrantes.
— *Para uma MISSÃO, é preciso estar planejado e, acima de tudo, MOTIVADO! Por isso, nunca se esqueçam: UMA PALESTRA É UMA MISSÃO!*

****

COMENTÁRIOS DO AUTOR

Você sabe quem é a única pessoa que poderá motivá-lo neste negócio? Você mesmo! Muitas vezes você estará em viagem, longe da família, em algum quarto de hotel e não haverá como pedir ajuda para ninguém.

E a melhor maneira de se AUTOMOTIVAR é entender por que está neste negócio e qual é o seu propósito nele. Se você tiver em mente as respostas para essas perguntas, com certeza entenderá o significado de AUTOMOTIVAÇÃO.

"Aquele que sabe onde está e aonde quer chegar estará blindado contra as TEMPESTADES DA VIDA."

****

Capítulo 23
O RESGATE

Edílson Lopes

— Que horas será servido o coffee break?
— Não teremos coffee, somente um intervalo de vinte minutos. – falou a recepcionista.
— Tem certeza? – perguntou o homem aflito.
— Claro que sim! – respondeu ela.

O homem entristeceu-se. Abaixou a cabeça. Saiu pela porta do auditório, subiu as escadas. Sentou-se em uma cadeira na recepção.

Abriu sua carteira: U$ 25 dólares. "*E agora*?", pensou.

Foi para o *american bar* do hotel.

— Um café, por favor.

Olhou para o relógio. Ainda eram 10h15min. da manhã. Observou as pessoas pedindo sanduíches. Sentiu uma dor no estômago.

Minutos depois, retornou ao auditório.

— *A próxima palestra será de Thomas Spencer?* – perguntou para a recepcionista.

Ela acenou positivamente com a cabeça.

Ele, então, posicionou-se na primeira fileira. Aguardou ansiosamente a entrada do palestrante.

A apresentação de Thomas começou às 11h15min. Falou durante 40 minutos. Ao final, foi aplaudido de pé.

Uma fila enorme foi formada. As pessoas queriam autógrafos e fotos.

Ele observava tudo sentado na cadeira. Estava impaciente. Assim que o público diminuiu, caminhou apressadamente em direção ao palestrante:

Uma palestra é uma missão

— Parabéns pela palestra! Foi sensacional!
O palestrante retribuiu:
— Muito obrigado por ter me assistido!
— Teria como conversarmos em particular?
— Por favor, vá até a recepção e veja com o pessoal da minha equipe um horário para conversarmos.
O homem foi direto para a recepção do evento.
— Que horas eu poderia falar reservadamente com Thomas Spencer?
— Sinto muito, acho que não será possível. – falou uma pessoa da equipe do palestrante.
— Por quê?
— Ele tem uma viagem. Sairá daqui direto para casa e depois para o aeroporto.
— Ele não poderá me atender? – perguntou já desesperado.
— Por favor, qual é o seu nome?
— Jonathan.
— Sinto muito. Sr. Jonathan, não posso fazer nada.
Jonathan caminhou de um lado para o outro no *foyer* do hotel. Voltou, então, para a assessora:
— Faz o seguinte, preciso mandar uma correspondência para ele. Dê-me o endereço da casa dele, pode ser?
A assessora saiu. Foi para a sala VIP. Retornou cinco minutos depois.
— Aqui está, senhor. – entregou-lhe um papel com uma anotação.
Jonathan saiu rapidamente. Foi direto para o ponto de táxi em frente ao hotel *Renaissance*.
— É muito longe este endereço daqui? – perguntou ao taxista.
— Dá em torno de 30 minutos neste horário.
— E quanto é para ir até lá?
— Acho que uns U$ 20 dólares.
Jonathan retirou a carteira do bolso. Contou o dinheiro: U$ 22 dólares.
— Consigo ir de metrô?
— Sim. Desça na estação 14th St-Eigth Avenue, depois caminhe por cinco minutos e chegará ao local.
Jonathan saiu apressadamente pela *7th Avenue*. Desceu as escadas na *Rockfeller Center Station*. Trinta e quatro minutos depois, estava na *14St*. Subiu apressadamente as escadas. Olhou para o relógio: meio dia e trinta e sete minutos.

Edílson Lopes

Caminhou por cinco minutos. Parou em frente a um conjunto de prédios vermelhos. Conferiu o número com o papel.

Um *Audi Preto* estava estacionando. Jonathan caminhou em direção ao carro. Aguardou o motorista descer.

— *Sr. Thomas, desculpe incomodá-lo aqui na sua residência* – falou Jonathan — *Mas é algo urgente. Preciso muito de uma ajuda!*

— *Você não estava no meu evento agora mesmo no hotel Renaissance?*

— *Sim, acabei de assistir sua palestra e vim para cá correndo.*

— *O que eu posso fazer por você?*

Jonathan explicou que já estava no negócio há algum tempo. Disse que precisava decolar a sua carreira. Falou o quanto admirava o trabalho dele e sabia que os melhores não tinham problemas em dizer quais as técnicas que utilizavam.

— *Qual é o segredo neste negócio?*

— *Trabalhar!*

— *Mas isso não é um segredo.* – disse Jonathan desapontado.

— *Então, o que você quer saber?*

— *Qual é o sentido desse mercado? Qual é realmente o papel de um palestrante?*

— *Venha para a calçada.*

Thomas fechou a porta do carro. Pegou no braço de Jonathan:

— *Escute bem o que vou lhe dizer* – apertou o braço de Jonathan — *Quer realmente saber qual é o papel de um palestrante?*

— *Qual é?*

— *Já parou para pensar como as pessoas entram em uma palestra e como elas saem?*

Jonathan não falou nada.

— *Eu não estou falando de uma palestra "meia-boca".* – disse Thomas — *Estou falando de grandes palestrantes!*

Thomas falava alto.

— *Grandes palestrantes resgatam pessoas e empresas! Esse é o sentimento que todo palestrante tem que ter! Há um universo de péssimos palestrantes neste mundo. Eles acham que basta dizer "Eu sou palestrante" e já podem encantar plateias pelo mundo. Alguns passam fome, inclusive, pelo fato de acharem que dominam determinado assunto e isso os fará um sucesso. Pura estupidez! Não*

Uma palestra é uma missão

interessa o tema, o segredo é o palestrante entender que a missão dele é resgatar pessoas. E se é uma missão, temos que estar preparados. Ninguém pode falhar em uma missão, pois o objetivo final é o resgate.

E finalizou:

— Qualquer texto que você for criar, qualquer palestra que for escrever, qualquer livro, vídeo, artigo ou movimento, há sempre a necessidade de pensar: "Isso irá resgatar as pessoas?".

Jonathan ficou pensativo.

— Você acabou de assistir a uma palestra minha, concorda?

— Sim!

— Sabe qual era a palavra que estava na minha mente lá em cima do palco?

— Qual?

— Resgate! Quando você pensa em resgate você se planeja, se arma, levanta a sua autoestima, você se sente mais forte, sua autoconfiança dobrará. Afinal, UMA PALESTRA É UMA MISSÃO!

Jonathan estava impactado.

— Jamais vou esquecê-lo. Muito obrigado!

Despediram-se. Jonathan desceu as escadas da estação do metrô com um pensamento: "resgate".

Minutos depois, caminhava pela *Times Square*.

Seu telefone tocou. Do outro lado da linha uma voz feminina:

— Confirmado nosso cinema hoje?

— Sim! – respondeu Jonathan — Qual filme iremos assistir?

— ARGO!

— Do que se trata?

— De um dos mais espetaculares RESGATES DE TODOS OS TEMPOS!

****

COMENTÁRIOS DO AUTOR

O que você acha que um participante espera de uma palestra?

Tenho certeza de que você conhece algum palestrante bem-sucedido que muitas pessoas dizem: *"Ele não tem conteúdo"*. Nunca fale isso de um palestrante bem-sucedido!

Edílson Lopes

"Falar que um palestrante não tem conteúdo é o mesmo que pisar descalço em um PREGO!"

Não há como julgar se um palestrante tem conteúdo ou não, pois tudo depende do público. O que o público precisa? Qual a necessidade do público naquele momento?

"O que é CONTEÚDO para mim, de repente, não é CONTEÚDO para você e vice-versa."

Palestrantes bem-sucedidos são verdadeiros guerrilheiros. São pessoas que, INDEPENDENTE do conteúdo, RESGATAM as demais com um simples microfone.

Não caia na idiotice de pensar *"Ele não tem conteúdo. Como consegue cobrar acima de U$ 20 mil dólares por cachê e a agenda estar sempre cheia?"*. Há vários motivos, mas um deles posso lhe assegurar: "ESSE TIPO DE PALESTRANTE RESGATA PESSOAS E EMPRESAS". Eles entenderam o real significado deste negócio.

"Daqui pra frente, todas as vezes que você subir em um palco, pense: como posso RESGATAR essas pessoas?"

****

Capítulo 24

O TRATADO DE PARIS

Edílson Lopes

Paris, outubro de 2017. Um rapaz aparentando vinte e poucos anos desceu de um voo da *American Airlines* no *Aeroporto de Paris-Charles de Gaulle*, às cinco e quarenta da manhã.

Passou pela imigração, caminhou pelo saguão e parou em frente à porta que dava acesso à saída. Vestiu seu casaco. Olhou para o painel do aeroporto: "Temperatura – 6 graus negativos".

Um homem o aguardava do lado de fora com uma placa nas mãos.

— *Bonjour.* – disse o homem assim que o identificou.

Caminharam rapidamente até o estacionamento. Entraram em um *Peugeot RCZ* branco.

O automóvel avançou pela *A1* e quase cinquenta minutos depois estacionava na *Avenue Montaigne*, 25, em frente ao majestoso hotel *Plaza Athénée*.

— *Seu apartamento é o 1327. Siga por aquele elevador ali.* – disse a recepcionista finalizando o *check-in*.

O rapaz entrou no apartamento. Notou um envelope em cima da mesa. Dentro, um bilhete com os dizeres: "Esteja na sala *Fontaine*, na cobertura do hotel, às 20h em ponto. Não se atrase.".

Faltando cinco minutos para às oito horas da noite, o rapaz terminou o nó na gravata. Fechou o apartamento e saiu rumo ao elevador. Em menos de três minutos, a porta do elevador abria diretamente para a cobertura.

Dirigiu-se para a sala indicada. Abriu lentamente a porta. Sete homens estavam sentados em uma mesa, sendo que um deles estava na cabeceira. Uma única luz iluminava o local.

Uma palestra é uma missão

O homem que estava na cabeceira levantou-se. Estendeu as mãos para o rapaz:

— Fico feliz que tenha vindo. Quero lhe apresentar o grupo.

O rapaz o cumprimentou de volta.

— Esse é o nosso aprendiz. Convidei-o diretamente de Nova York até aqui somente para redigir o nosso tratado. – falou o homem para os outros seis.

Os outros palestrantes se levantaram e um a um deram as mãos para o aprendiz.

— Sente-se. Fico feliz por ter aceitado o pedido. É uma situação em que muitos queriam estar.

— Serei eternamente grato. – falou o aprendiz.

— Sabe por que o chamamos aqui?

— Não, não sei.

— Somos sete palestrantes de diversas nações do mundo. Nosso objetivo é fazer um tratado essa noite.

— O que é um tratado?

— Tratado é um estudo sobre um assunto. Uma conclusão sobre um tema.

— E qual será o tema?

— As estratégias dos maiores palestrantes do mundo.

O aprendiz levantou as sobrancelhas.

— Você está iniciando sua carreira, assim como milhares de palestrantes no mundo. – disse o homem — Por isso é importante vocês conhecerem as melhores estratégias vindas diretamente dos melhores.

— E qual será o meu papel aqui?

— Já fez alguma ata de reunião?

— Não me lembro.

— Seu trabalho será de resumir as 23 estratégias que discutiremos esta noite.

— E depois?

— Você retornará para Nova York nesta madrugada. Há um voo que sairá a uma e quinze da manhã.

— Então embarcarei daqui a cinco horas?

— Isso mesmo! Este tratado tem que estar até às 14h de amanhã nas mãos do mestre de cerimônias do Encontro Mundial de Novos Palestrantes.

O aprendiz concordou com um gesto positivo da sua cabeça.

O líder falou para o aprendiz que ele passaria praticamente a viagem toda de retorno revisando e adequando os 23 temas do tratado.

— *Não haverá tempo para você dormir no avião.*

Explicou também que uma pessoa iria aguardá-lo no aeroporto de *Nova York* e o levaria diretamente para o hotel *Grand Hyatt*, local onde será o encontro.

— *Este será o seu desafio!* – falou para o aprendiz.

Todos se acomodaram. O aprendiz ficou ao lado do líder. O debate começou. Os palestrantes começaram a discutir cada um dos 23 pontos. Em certos momentos, o aprendiz se perdia com tantas ideias.

A certa altura, um deles disse:

— *Não concordo. Acho que essa estratégia não é boa!*

E assim se reiniciava o debate.

Quando o relógio marcou 23h, o jantar foi servido. Todos comeram rapidamente e voltaram para o debate. O aprendiz a todo o tempo olhava no relógio.

O palestrante italiano falou da importância de ter aliados ou parceiros estratégicos. O palestrante inglês concordou dizendo:

— *Sem um aliado é impossível chegar lá.*

Os sete palestrantes de diferentes nacionalidades debatiam calorosamente os vinte e três pontos do tratado.

Quando o relógio "bateu" meia noite, eles pararam de falar.

— *Temos que ser rápidos. O avião do aprendiz sairá daqui a duas horas.* – disse o líder.

Juntaram rapidamente os papéis em cima da mesa. O líder falou em voz alta os vinte e três temas do tratado.

— *Alguém tem alguma dúvida?*

Todos ficaram quietos.

O aprendiz pegou o calhamaço de papel. Suas mãos tremiam. Abriu sua pasta. Guardou-os.

— *Está pronto para a missão?* – perguntou o líder.

—*Claro que sim!* – respondeu o aprendiz.

— *Então, siga o seu caminho. Amanhã esse tratado tem que estar nas mãos de todos os participantes do Encontro Mundial de Novos Palestrantes.*

O aprendiz apertou as mãos de cada um dos sete palestrantes.

Uma palestra é uma missão

— Um carro o aguarda lá embaixo para levá-lo direto ao aeroporto. – falou pela última vez o líder.

O aprendiz passou pela recepção do hotel. Deixou a chave.

— Muito obrigado. – disse para a recepcionista.

O automóvel saiu em alta velocidade pelas ruas de *Paris*. Depois de quarenta minutos, parou em frente à entrada principal do *Aeroporto de Paris-Charles de Gaulle.*

— Essa é a entrada para o check-in da American Airlines. – disse o motorista às 01h33min. da manhã.

Às 2h45min. o aprendiz estava a bordo do voo 745, na poltrona 1C, com destino a *Nova York.*

...

Onze e trinta e cinco da manhã. O avião tocou o solo do *Aeroporto Internacional John F. Kennedy.*

— Vamos rápido! – disse para o homem que o aguardava no saguão.

O veículo saiu em direção à *Manhattan.* Minutos depois, parou em frente ao hotel *Grand Hyatt,* faltando cinco minutos para uma hora da tarde.

O aprendiz desceu desesperado. Foi até a recepção.

— Onde é o evento?

— Por ali, senhor.

Subiu as escadas.

— A sala VIP, por favor?

Apontaram para o final do corredor. Um homem o aguardava.

— Sr. Malcom Lee? – perguntou o aprendiz.

— Sim. Já estava preocupado.

— Aqui está o Tratado De Paris! – suspirou o aprendiz.

Os olhos do homem brilharam.

— Fantástico!

O homem folheou rapidamente as vinte e três seções do tratado.

— Missão cumprida! – falou para o aprendiz.

Puxou uma cortina que dava para ver todo o auditório.

— Está vendo aquelas 1.500 pessoas ali?

— Sim, estou! – respondeu o aprendiz.

— Você não sabe o bem que isso fará para elas.

O aprendiz, então, olhou para uma foto projetada no telão do auditório.

— O que a minha foto está fazendo na tela? – perguntou assustado.

— *Você é quem fará a abertura do evento!*

O aprendiz o olhou ainda mais assustado. O homem, então, colocou as mãos no ombro do aprendiz:

— *Está com medo?*

O aprendiz ficou quieto.

— *Prepare-se. Vão chamá-lo agora.* – falou o homem.

— *Aceito o desafio!*

— *Então vá! E não se esqueça: UMA PALESTRA É UMA MISSÃO!*

****

COMENTÁRIOS DO AUTOR

Chegamos ao último capítulo. Não queira me decepcionar e deixar este livro na estante com poeira! Ele é fruto de muita observação e, acima de tudo, inspiração. Consulte-o regularmente.

Se você gostou, indique. Não tenha medo de indicar para outro palestrante, afinal, o que é seu, é seu. Se não gostou, escreva-me. Mas, não fique em silêncio se chegou até o último capítulo.

Nunca se esqueça do que Simeon ben Zoma disse:

"SÁBIO É AQUELE QUE APRENDE COM TODOS."

Um abraço e até qualquer dia!
Agosto/2018.

****